农作物种业现代产业链发展蓝皮书

2024年

ANNUAL REPORT ON THE DEVELOPMENT
OF MODERN CROP SEED INDUSTRIAL CHAIN 2024

编著
中国中化控股有限责任公司
中国种子协会
中国种子贸易协会
三亚市崖州湾科技城管理局

中国农业科学技术出版社

图书在版编目（CIP）数据

2024年农作物种业现代产业链发展蓝皮书 / 中国中化控股有限责任公司等编著． -- 北京：中国农业科学技术出版社，2025. 1. -- ISBN 978-7-5116-7284-1

Ⅰ．F324.6

中国国家版本馆CIP数据核字第202510FU29号

责任编辑　费运巧　任玉晶
责任校对　马广洋
责任印制　姜义伟　王思文

出 版 者	中国农业科学技术出版社
	北京市中关村南大街12号　邮编：100081
电　　话	（010）82106641（编辑室）（010）82106624（发行部）
	（010）82109709（读者服务部）
网　　址	https://castp.caas.cn
经 销 者	各地新华书店
印 刷 者	中煤（北京）印务有限公司
开　　本	185 mm×260 mm　1/16
印　　张	8
字　　数	136千字
版　　次	2025年1月第1版　2025年1月第1次印刷
定　　价	58.00元

◀版权所有·侵权必究▶

《2024年农作物种业现代产业链发展蓝皮书》编审名单

▌指导委员会

主　　任：焦　健　张延秋

副 主 任：苏　赋　蒋协新

委　　员：马淑萍　邓光联　李丕学　吕继洲　吴静璇

▌编审委员会

主　　任：应敏杰

副 主 任：蒋协新　吕继洲　张晓强

委　　员（按姓氏笔画排序）：

丁　涛　马　瑞　王长海　王玉玺　王登社　田伟红
向伟勇　刘　信　刘　辉　刘　韬　安礼如　许　勇
李　翔　李玉军　李军民　李树君　李继军　杨远柱
杨艳萍　何青松　何德松　宋维波　张　琴　张全杰
陈　浩　陈章瑞　邵进翚　舍亚涛　屈　平　侯传伟
徐长成　唐世伟　黄建新　崔野韩　寇立群　揭玉斌
彭桂华　韩俊强　谢　旗　阙旭强　褚琳峰

▌编写委员会

主　　编：张晓强

副 主 编：王玉玺　陈　浩　张　涛

编写人员（按姓氏笔画排序）：

马　帅　王　盈　王　琪　王　磊　代昆豪　朱　栋
刘　艳　纪高洁　李彤超　杨　洋　陈　超　林逸师
晁逢春　郭咨呈　鲁　瑛

前 言
Preface

　　党的二十大擘画了全面建设社会主义现代化国家的宏伟蓝图，并首次提出加快建设农业强国。习近平总书记强调指出，保障粮食和重要农产品稳定安全供给始终是建设农业强国的头等大事，必须全方位夯实粮食安全根基，提升粮食产能仍然是首要任务。2023年，我国启动实施新一轮千亿斤粮食产能提升行动，围绕耕地和种子两个要害，改善农田水利等基础设施条件，落实良田良制并举、良种良法配套、农机农艺融合，推进粮食作物大面积单产提升。

　　种源安全事关国家安全。2021年中央全面深化改革委员会审议通过《种业振兴行动方案》，各地各有关部门深入贯彻落实党中央决策部署，挖掘优异种质资源、种业创新攻关、做强国家种业阵型企业、提升种业基地能力和知识产权保护五大行动落实落地，农业种质资源普查圆满完成，种业创新攻关取得一批标志性成果，构建了国家种业企业阵型，优势企业竞争力明显提升，国家基地供种保障能力持续提升，种业创新环境明显优化，为保障粮食和重要农产品稳定安全供给提供了坚实支撑。

　　当前，全球产业体系和产业链供应链呈现多元化布局、区域化合作、绿色化转型、数字化加速的趋势。我国种业亟须加快振兴行动，以科技创新提升产业韧性与竞争力，同时积极参与全球分工，构建新发展格局，促进资源、技术、市场双向循环，打造自主可控、安全可靠、竞争力强的现代化种业体系。

　　作为我国农作物种业现代产业链发展的建设者和引领者，我们将坚持"产业视角、全球视野、企业声音"定位，持续凝聚行业合力，深入分析种业新机遇新挑战,并针对种业现代产业链的发展问题提出前瞻性、战略性建议。面向未来,我们将结合新质生产力发展,重点聚焦种业补链、延链、强链,助力提升产业链供应链韧性和安全水平,实现种业科技自立自强、种源自主可控、更好保障粮食和重要农产品稳定安全供给。

编 者
2024 年 9 月

目 录 Contents

第一章　我国种业发展方位 ………………………………………………… 1
- 第一节　推进种业振兴行动，三年打牢发展基础 ……………………… 3
- 第二节　保障国家粮食安全，良种突破持续加力 ……………………… 5
- 第三节　加快建设南繁硅谷，打造融合创新生态 ……………………… 9
- 第四节　拓展种业发展格局，国际合作深化提升 ……………………… 12

第二章　国际种业竞合态势 ………………………………………………… 19
- 第一节　领先国家加速科技创新驱动种业升级 ………………………… 21
- 第二节　各国围绕种业增强产业链控制力 ……………………………… 27
- 第三节　跨国种业企业产业链竞争力持续增强 ………………………… 29
- 第四节　国际种业合作有待拓展作物和区域 …………………………… 31

第三章　我国种业市场趋势 ………………………………………………… 39
- 第一节　重点作物种子供大于需 ………………………………………… 41
- 第二节　种植需求带动品种分化 ………………………………………… 42
- 第三节　种子市场价值加速增长 ………………………………………… 49
- 第四节　龙头企业引领市场集中 ………………………………………… 52
- 第五节　市场环境持续净化改善 ………………………………………… 61

第四章　种业现代产业链发展进程 ………………………………………… 65
- 第一节　资源收集鉴定成效显著 ………………………………………… 67
- 第二节　基础研究创新快速增长 ………………………………………… 68

第三节 品种选育由量向质转型……………………………………… 71

第四节 基地共建有力稳固供种……………………………………… 75

第五节 良种良法集成增产增收……………………………………… 77

第五章 种业现代产业链建设路径及建议……………………………… 81

第一节 构建产业研发体系，持续加快育种攻关创新………………… 83

第二节 大力培育新质生产力，做强生物育种新兴产业……………… 84

第三节 拓展种业开放合作，形成资源市场联动循环………………… 85

第四节 提供全程服务方案，大面积提升粮食单产…………………… 86

附录一 产业链创新案例…………………………………………………… 87

附录二 高影响力论文概况………………………………………………… 108

附录三 农作物主要推广品种及审定情况……………………………… 111

第一章
我国种业发展方位

农业现代化，种子是基础。2021年中央全面深化改革委员会第二十次会议审议通过《种业振兴行动方案》，强调种子是保障粮食安全的要害，把种源安全提升到关系国家安全的战略高度。明确了实现种业科技自立自强、种源自主可控的总目标，提出了种业振兴的指导思想、基本原则、重点任务和保障措施等一揽子安排，开启了我国由种业大国向种业强国迈进的历史新征程（图1-1）。

第一节　推进种业振兴行动，三年打牢发展基础

三年来（2021—2024年），农业农村部会同各地各有关部门深入贯彻落实党中央、国务院部署要求，按照"一年开好头、三年打基础、五年见成效、十年实现重大突破"总体安排，全面推进种质资源保护利用、创新攻关、企业扶优、基地提升、市场净化五项行动落实落地，取得一批标志性成果和阶段性进展。

一是农业种质资源普查保护不断加强。 2023年，第三次全国农作物种质资源普查与收集行动顺利完成，新收集农作物资源13.9万份，抢救性保护了746份濒危农作物资源。国家作物种质库新库平稳运行，构建了以国家长期库及其复份库为核心，15个中期库、56个种质圃为依托的农作物种质资源保护体系。资源保藏利用能力显著增强，支撑育种创新基础更加扎实。

二是关键技术和重大品种取得突破。 种源关键核心技术攻关和生物育种重大项目于2022年启动实施，国家育种联合攻关扎实推进。自主研发的2把基因编辑"剪刀"正在加快产业化应用。初步培育出一批耐盐碱小麦品种和短生育期冬油菜品种，两批共计81个玉米大豆转基因品种通过审定。

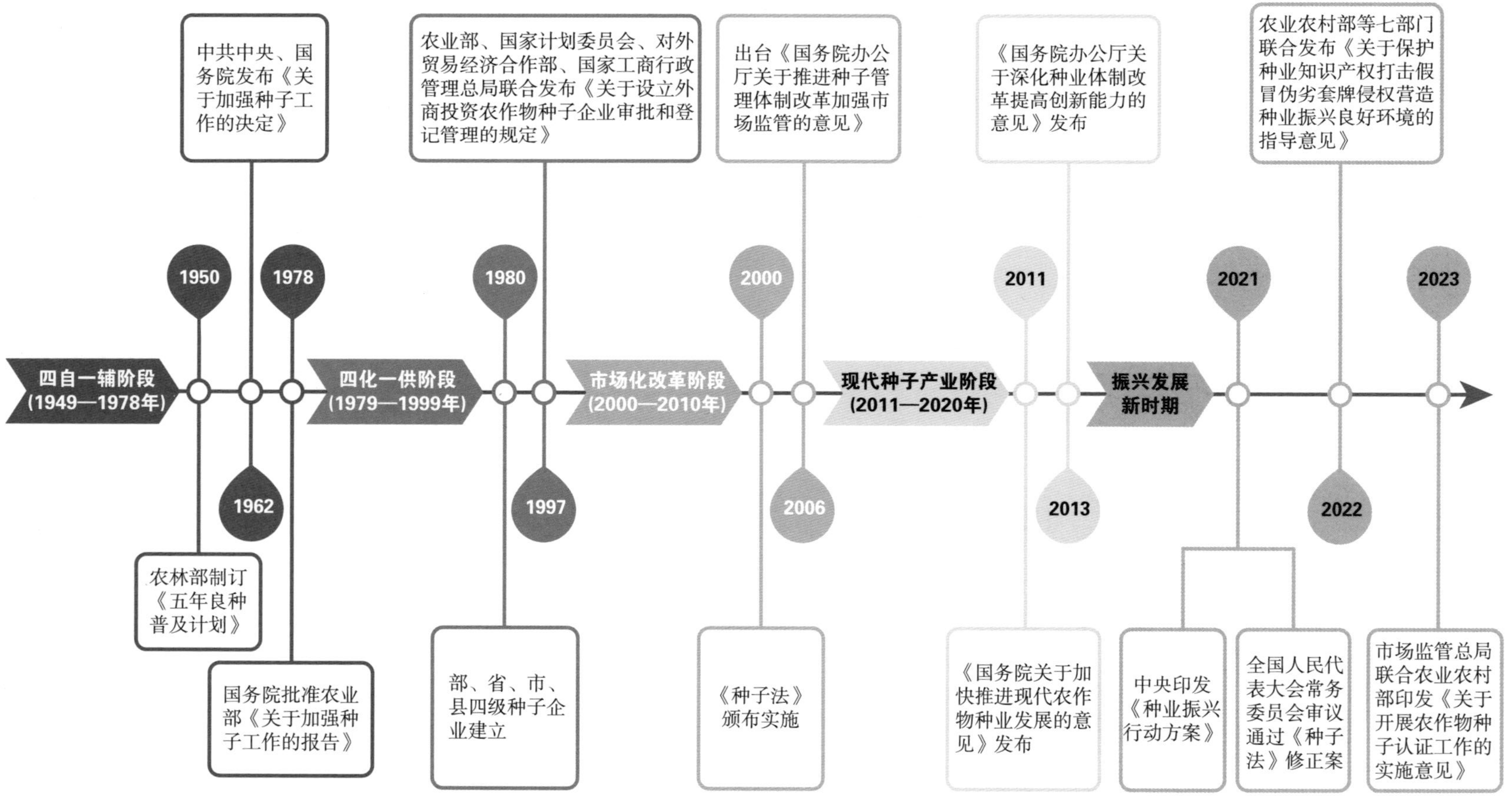

图 1-1 中国种业发展历程

三是种业阵型企业骨干力量加快培育。2022年8月,农业农村部遴选69家农作物种业企业,构建"破难题、补短板、强优势"国家种业企业阵型,并推动与金融、科研、基地对接合作。在种源关键核心技术攻关、生物育种重大项目和国家育种联合攻关任务中,企业逐步成为创新主体,基因编辑、单倍体育种、全基因组选择等技术加快应用,产学研用结合更为紧密。先正达集团中国、袁隆平农业高科技股份有限公司(以下简称隆平高科)进入全球农作物种业企业前十强,国际影响力持续增强。四川省、河南省等14个省份相继组建种业集团,种业投资并购重组步伐明显加快。

四是种源供给保障能力持续提升。三年来(2021—2024年),农业农村部优化种业基地布局,推进实施制种大县奖励和现代种业提升工程,健全由216个作物制种基地县组成的良种繁育"国家队",实现粮棉油糖全覆盖,供种保障率由70%提升到75%。强化基地科技装备支撑,推动良种生产、加工烘干设施改造升级,加快四圃制、生产性能测定等技术应用,建立并推行种子质量认证制度,种源质量明显提升。完善国家级和省级救灾备荒种子储备制度,省级种子储备实现全覆盖。

五是种业知识产权保护力度明显加大。有关部门联合贯彻实施新修订的《中华人民共和国种子法》,加快建立实质性派生品种制度,推动出台侵权案件审理司法解释和涉种刑事审判指导意见,强化行政和司法衔接机制,植物新品种保护制度体系进一步健全。联合公检法等有关方面推出严厉打击假冒伪劣、套牌侵权等违法行为"组合拳",扎实开展种业监管执法年活动,持续推进知识产权保护、"仿种子"清理、品种审定试验专项整治,发布典型案例,种业打假维权意识明显增强,激励保护创新氛围持续向好。

第二节 保障国家粮食安全,良种突破持续加力

随着国内需求增长、市场开放程度提高和粮食内外价差扩大,我国

部分农作物进口量不断增长，保障粮食安全和重要农产品有效供给的风险压力增大。为此，亟须加大粮油突破性品种选育力度，有力支撑大面积单产提升；亟须提升高品质和多元化作物品种选育水平，满足"大食物"生产需求；亟须以种业科技及产业要素集成、主体集群为载体，加快提升产业链供应链韧性与竞争力。

一、粮食生产保供拉动育种细分需求

（一）粮食作物亟须高产优质品种

目前，我国农业生产仍是"单技术为主、小面积示范"的传统推广模式，大田生产技术到位率不高，主要粮油作物的单产还有较大提升空间。应充分挖掘地种肥药各要素、耕种管收各环节的增产潜力，加快选育推广耐密、高产的突破性新品种，用好转基因、基因编辑等现代育种技术，抓好机收减损，着力提升生产效率和竞争力。加快把先进实用的高质高效品种技术由点及线到面推广开来，将试验田示范田产量转化为大田产量，力争主要粮油作物单产有明显提升，为粮食丰收和有效应对洪涝、干旱等灾害对粮食生产的影响提供重要保障。我国近年来粮食产量变化见图1-2，2001—2023年我国进口大豆总量与价格变化见图1-3。

图1-2 2004—2023年我国粮食产量变化

图 1-3　2001—2023 年进口大豆总量与年均价格变化

（二）油料亟须突破性品种

我国目前已经做到谷物基本自给、口粮绝对安全，但粮食结构性短缺问题仍然突出，大豆等作物自给率偏低已成为保障粮食安全的一大软肋。要求我们加快选育高油高产大豆、高含油量短生育期油菜等产业亟须的突破性品种。

（三）"大食物观"亟须高品质功能型品种

2024 年中央一号文件明确提出，树立大农业观、大食物观，开展设施农业建设，推动农产品加工业优化升级。设施农业可以从数量和质量双重维度提升食物供给水平，是贯彻落实大食物观的有效路径。发展现代设施农业要求，一是大力培育适宜设施种植新品种，进一步挖掘食物供给潜力，促进食物生产的规模扩大和产量增加。二是建设提升现代化设施育苗（秧）中心，以蔬菜和水稻生产大县为重点，合理布局建设集约化育苗（秧）中心，扩大设施蔬菜优质种苗、水稻良种秧苗商品化供给覆盖面，有效解决小农户育苗难、成本高、质量差的问题，降低不确定性，提升食物生产与供给的韧性。农产品加工业优化升级，专用、优质的农产品原材料是基础，这就要求我们加大加工专用型、功能型、优质品种选育力度，满足农产品加工业转型升级需求。

践行树立大农业观、大食物观，要构建多元化食物供给体系。目前蔬菜种源基本自给，但在设施和高品质蔬菜等细分领域仍需进口，个别品种国外种子市场占有率在50%以上。从更好满足人民美好生活需要看，顺应人民群众食物结构变化趋势，在确保粮食供给的同时，还要保障肉类、蔬菜、水果、水产品等各类食物有效供给，要加快育种创新，不断在高端蔬菜等细分方向上取得突破。一是加快应用育种先进技术。将全基因组选择、基因编辑、大数据等技术加快应用于育种工作，不断深入解析水果重要性状发掘和基因功能。二是加快培育消费急需品种。面向满足人民美好生活需要，加快选育优质多抗广适的设施蔬菜、高端蔬菜品种，加快高产优质抗晚疫病马铃薯品种、耐碾压韧性好宜机收高糖甘蔗品种、优质专用抗病水果品种的选育推广。三是加快提升种源质量，不断提升蔬菜种苗、马铃薯脱毒种薯、甘蔗健康种苗、水果苗木质量，保障生产安全。

二、农业绿色高效提高产业链集成要求

（一）种粮一体化

要增强产业链供应链韧性和安全水平，推动产出高效、畅通产业链条，推进"种粮一体化发展"，实现种业与下游产业有机衔接是关键。一是强化品种与大田生产有机衔接。一方面，在推进育制种的同时，强化品种配套耕作播种、栽培、水肥管理、病虫害防治、收获加工等全过程技术方案的研发推广，指导种植农户规范化生产，促进大面积提单产提品质；另一方面，探索与主产区农业主管部门合作创新机制，以片区为单位统一供种、统防统治、专收专用，引导生产规模化订单化。二是强化品种选育与加工需求对接。推进品种选育与加工企业需求对接，支持有实力的企业向下游延伸，加强与加工企业对接，以加工企业需求为导向开展定制化品种选育，引领种业发展方式变革，提升市场竞争力。

（二）"四良"集成推广

加强良田良种、良机良法（"四良"）的集成创新是商业化育种的发

展方向，是现代种业提升的发展趋势。现代化跨国种企在制定品种选育计划时，十分注重良种与良田、良法、良机的综合配套，满足种植农户、加工企业等下游产业主体需求和环境保护需要。比较而言，我国农作物种业企业选育品种目标性状单一、"四良"系统谋划和集成不够，习惯于快育品种，往往难以满足生产需求。据行业统计，审定品种中仅有不到10%的品种具备产业开发价值。这就要求，一是种业企业在开展品种选育时，要注重产能提升，也要注重抗病虫、抗逆境、加工专用等性状选择；二是要注重与农资、农机、农服相结合，不断提升商业化育种与农民种植、下游产业发展的契合度，提高优良品种产业化应用价值。

（三）绿色生态

绿色是农业的底色、生态是农业的底盘。必须摒弃竭泽而渔、焚薮而田、大水大肥、大拆大建的老路子，实现农业生产、农村建设、乡村生活生态良性循环，发展生态农业、打造低碳乡村，做到资源节约、环境友好，守住绿水青山。同时，盐碱地作为我国农业发展重要的边际土地，通过"以地适种"与"以种适地"相结合，提高盐碱地产粮能力具有较大潜力。这就要求我们一是抓好品种这一关键，加快培育抗病抗逆的绿色优质新品种，助力推进生物育种产业化，加快选育耐盐碱的特色品种，利用盐碱地增加粮食；二是加快创新绿色育制种生产技术，推进农业资源利用集约化、投入品减量化、废弃物资源化、产业模式生态化。

第三节 加快建设南繁硅谷，打造融合创新生态

2023年12月，《国家南繁硅谷建设规划（2023—2030年）》（以下简称《南繁硅谷规划》）正式印发。《南繁硅谷规划》以种业高质量发展为主线，以南繁科技城为核心，坚持"一城两地三园"功能布局，聚力打造"五位一体""服务全国"的科技与产业融合创新生态，加快推进种业

创新链、产业链、资金链、人才链的集成升级。

一、建设南繁硅谷是保障国家粮食安全的战略举措

建设南繁硅谷，是国家基于南繁自然资源禀赋优势、海南省作为建设"21世纪海上丝绸之路"重要战略支点的区位优势以及海南自由贸易港"5个自由便利、1个安全有序流动"的政策优势，为保障国家粮食安全作出的重要战略部署，目的在于促进种业科研创新要素聚集，加快构建种业创新重大科研设施平台，推动种业基础创新、技术创新和机制创新，加速重大优良品种培育，有力保障粮食和重要农产品稳定安全供给。

二、南繁硅谷建设亮点纷呈、成效初显

一是南繁硅谷成为培育种业新质生产力的主阵地，开辟育种创新新赛道。崖州湾实验室发布种业大语言模型"丰登"，填补了我国种业专业领域的大模型空白；中国农业科学院与阿里巴巴联合发布我国首个全流程的智慧育种平台，致力于用AI算法模拟育种家的智慧。二是崖州湾科技城延链、补链、强链，培育做强种业产业集群。海南省推动南繁产业从单纯育种向种业全产业链升级，加快培育南繁种业现代产业集群。目前，海南省已集聚了2 800多家种业创新企业，2023年南繁种业产值突破120亿元，同比增长50%。三是海南省服务全国种业创新，持续提升南繁"软硬件"水平。海南省划定了26.8万亩（1亩≈667平方米，全书同）保护区，建设了5.3万亩核心区。保护区高标准农田全面建成，5 000亩生物育种专区投入使用，知识产权特区审判庭、农业植物新品种审查协作中心相继成立，推行专利、商标、版权、地理标志和植物新品种知识产权"五合一"综合管理体制改革。四是海南自由贸易港打造全球种业合作交流大平台、种业深化改革开放试验区。种子进出口生产经营许可证审批权限已下放海南省，建立健全引进中转基地农业、林业、海关"三合一"工作机制，创新"进境植物繁殖材料隔离种植场所考核互认"机制，开通种子入境查验快速通道。

三、三亚崖州湾科技城"筑巢引凤"、特色鲜明、优势突出

《南繁硅谷规划》提出"一心一轴多基地"空间布局。"一心"是以崖州区为核心,布局建设南繁科技城、全球动植物种质资源引进中转基地。立足服务种业振兴,三亚崖州湾科技城聚焦打造自贸港科创高地,不断完善配套服务保障体系,着力提升创新能力,扎实推进产业培优,加快形成新质生产力。

一是坚持科研先行,充分发挥"筑巢引凤"作用。崖州湾实验室、中国农业科学院国家南繁研究院、中国热带农业科学院三亚研究院等13家涉农科研院所和中国农业大学三亚研究院、海南大学南繁研究院等8家涉农高校分支机构,形成由"国字号科研院所+双一流高校+本省科研机构"组成的多层次、互补型创新组织体系,中国种子集团有限公司(以下简称中种集团)、国投种业科技有限公司(以下简称国投种业)、北京大北农科技集团股份有限公司(以下简称大北农)、隆平生物技术(海南)有限公司(以下简称隆平生物)、九圣禾种业股份有限公司(以下简称九圣禾)等种业龙头企业均已入驻,是全国率先聚齐"产学研教培"全要素创新资源的种业园区。

二是推动共建共享,提升科创服务保障能力。科研协作是提升创新体系整体效能的必然选择,三亚崖州湾科技城积极打造一批承接国家战略任务、开放共享的重大科创平台集群,已立项38个涉农科研项目平台。其中,国家南繁作物表型研究设施、国家精准设计育种中心等16个科研平台已建成投入使用。大力推进科研平台共建共享,建成崖州湾科技城科研仪器设备预约共享平台、共享实验室22个,有效解决育种单位科研仪器紧缺与闲置的双重瓶颈。同时,在全国首创种业CRO(Contract Research Organization,委托研究机构)服务模式,建成CRO科研服务平台16个,引进培育各类CRO主体60余家,构建覆盖育种环节全流程的种业CRO服务体系,显著节约育种资源投入和成本,提高育种效率。

三是激发创新活力,促进科技成果转移转化。科技部于2022年正

式批复了国家技术转移海南中心建设，旨在推动海南自由贸易港聚集全球科技创新要素，开展国际化技术转移。为强化企业在科技创新中的主体地位，三亚崖州湾科技城积极推动中种集团、九圣禾、深圳华大基因股份有限公司等企业与海南省种业实验室（原海南省崖州湾种子实验室）联合实施"揭榜挂帅"项目，逐步形成"企业命题、院校答题、市场评估"的企科联合创新机制。用好浙江大学海南研究院等4家园区单位试点资质，扎实推进职务科技成果赋权试点工作，科研人员可依规获得不低于10年的职务科技成果所有权，不断激发科研人员创新积极性。

第四节 拓展种业发展格局，国际合作深化提升

新形势下加强种业国际合作，对提升全球粮食安全水平极为重要。国际合作有助于各国引进更多优质育种材料和先进技术手段，优化种质资源利用，强化育种创新体系，持续提升和更新品种，提升农业自主保障水平。与此同时，国际合作有利于推动"一带一路"国家共同构建种业农业联动的国际合作新格局，增强资源、技术、市场的联动发展，推动更多国家农业生产升级，为促进全球粮食安全作出中国贡献，助力全球农业迈向平衡协调包容的新阶段。

一、政策引导支持

2023年，我国政府在农作物种业领域继续扩大开放，出台了多项引导支持政策。一是海关方面，对种子进出口实施了一系列便利化措施，简化种子进出口通关手续，缩短了通关时间。二是自贸区方面，海南自由贸易港、中国（新疆）自由贸易试验区等自贸区港对种子企业提供了更多的税收优惠政策，降低了企业的运营成本。特别是海南自由贸易港发挥区位优势，建立全球动植物种质资源引进中转基地，优化农作物、林草等种质资源进出境监管流程，畅通种质资源的引进、交流和利用渠道，推动种业创新链、产业链深度融合。三是援外方面，在共建"一带

一路"倡议等框架下，不断深化农业、种业海外科技合作，在非洲建成了24个农业技术示范中心，以良种推广为核心带动相关地区农作物平均增产超30%，提升了相关国家农业发展水平。四是服务贸易方面，种业是农业服务贸易的先导，正在从制度开放、创新引领、格局优化、交流促进等维度推动农业服务贸易发展，推动作物解决方案和农业服务业"走出去""引进来"，助力全球农业均衡可持续发展。

二、优势技术出海

（一）杂交技术出海

中国具有出海能力的品种包括杂交水稻种子和十字花科、茄科、葫芦科、百合科中较大面积露地栽培蔬果类种子。在全球主要水稻种植国（水稻种植面积＞1 500万亩）中，中国水稻的单产水平位居第一，比全球水稻平均单产高50.4%。在全球主要蔬菜种植国（单品类种植面积＞600万亩）中，中国众多蔬菜瓜果，如辣椒、卷心菜、萝卜、西蓝花、黄瓜、番茄、茄子、生菜、韭菜、洋葱、小葱、西瓜、哈密瓜等，其单产水平基本位居前三位。上述这些作物中，中国对许多作物已做了全基因组测序，并持续开展分子与常规相结合的育种研究，具有基于育种技术支持品种持续升级和输出的潜力。表1-1、表1-2分别为水稻主要种植国的面积和单产情况，以及部分蔬菜瓜果主要种植国的面积和单产情况。

表1-1 水稻主要种植国的面积和单产情况

国家中文名称	国家英文名称	水稻种植面积（万亩）	水稻单产（千克/亩）	单产排名
印度	India	69 600.0	282.0	48
中国	China	44 533.5	471.7	11
孟加拉国	Bangladesh	17 538.6	326.1	37
泰国	Thailand	17 226.3	199.2	77
印度尼西亚	Indonesia	15 679.1	349.2	33
越南	Viet Nam	10 633.5	401.3	25
缅甸	Myanmar	10 349.0	238.5	64

（续表）

国家中文名称	国家英文名称	水稻种植面积（万亩）	水稻单产（千克/亩）	单产排名
菲律宾	Philippines	7 206.8	274.1	52
尼日利亚	Nigeria	6 870.0	123.8	98
柬埔寨	Cambodia	4 954.5	234.6	65
巴基斯坦	Pakistan	4 464.3	246.0	63
刚果（金）	Democratic Republic of the Congo	2 832.8	59.7	115
几内亚	Guinea	2 441.9	103.3	105
马达加斯加	Madagascar	2 397.3	191.3	81
尼泊尔	Nepal	2 173.2	252.5	58
斯里兰卡	Sri Lanka	1 671.3	203.0	73
坦桑尼亚	Tanzania	1 497.0	190.8	82
马里	Mali	1 332.2	215.0	69
老挝	Laos	1 227.3	292.9	46
塞拉利昂	Sierra Leone	1 032.8	135.3	95
科特迪瓦	Côte d'Ivoire	1 032.3	193.1	79
马来西亚	Malaysia	957.6	246.9	62

信息来源：根据联合国粮食及农业组织（FAO）2022年数据整理。

（二）耐盐碱品种选育技术与盐碱地治理技术出海

盐碱地综合改造利用，是我国新一轮千亿斤粮食产能提升行动的支撑性重大工程之一，通过多年探索实践，我国已构建起"以种适地"和"以地适种"两方面的能力，让更多盐碱地成为了能保障粮食安全的良田。根据联合国教科文组织和粮农组织不完全统计，全球盐碱地的总面积约为143.2亿亩，我国科学家于2023年在全球首次发现主效耐碱基因 *AT1* 及其作用机制，该基因可显著提升高粱、水稻、小麦、玉米和谷子等作物在盐碱地的产量，结合品种选育、农机农艺、土壤改良等技术集成，将能够更好地保障全球粮食安全。

第一章 我国种业发展方位

表1-2 部分蔬菜瓜果主要种植国的面积和单产情况

国家名称	辣椒种植面积（万亩）	辣椒单产（千克/亩）	黄瓜种植面积（万亩）	黄瓜单产（千克/亩）	生菜种植面积（万亩）	生菜单产（千克/亩）	卷心菜种植面积（万亩）	卷心菜单产（千克/亩）	西蓝花种植面积（万亩）	西蓝花单产（千克/亩）	萝卜类种植面积（万亩）	萝卜类单产（千克/亩）
中国	1 139.7	1 477.3	1 967.3	3 929.8	955.7	1 567.8	1 506.3	2 363.7	732.6	1 318.4	615.3	3 049.9
印度尼西亚	501.8	601.9	62.1	715.3	0.0	0.0	103.4	1 455.1	22.7	848.2	58.7	1 258.3
墨西哥	235.1	1 324.4	28.7	3 758.8	33.9	1 644.4	10.8	2 268.9	60.9	1 213.4	17.4	2 002.3
尼日利亚	155.6	495.6	0.0	0.0	0.0	0.0	—	—	0.0	0.0	40.1	593.3
土耳其	114.6	2 634.3	53.0	3 657.7	32.6	1 729.4	32.7	2 951.1	20.3	1 706.3	20.6	3 861.2
贝宁	56.3	237.4	—	—	—	—	—	—	—	—	—	—
韩国	54.5	467.5	6.0	4 577.3	5.7	1 675.6	55.4	4 384.6	0.0	688.3	3.8	2 568.2
喀麦隆	38.7	142.6	417.5	62.8	—	—	3.8	1 664.0	—	—	—	—
塞拉利昂	35.7	165.6	—	—	—	—	—	—	—	—	—	—
朝鲜	33.8	143.8	9.6	695.5	—	—	42.9	1 628.9	—	—	—	—
西班牙	33.5	4 592.0	12.0	6 408.4	50.3	1 926.4	19.4	1 580.4	58.7	1 156.0	10.5	3 705.0
突尼斯	26.0	1 641.0	4.8	1 455.6	5.4	1 399.2	3.9	763.5	1.4	777.7	18.2	1 157.9
美国	24.8	2 225.8	50.7	1 175.1	150.3	2 194.9	34.1	3 022.6	82.8	1 120.2	38.4	3 600.9
斯里兰卡	22.7	393.2	4.4	849.2	—	—	6.8	1 710.5	0.0	0.0	16.1	1 212.2
阿尔及利亚	22.2	2 185.6	6.5	2 943.8	—	—	7.2	2 151.9	14.1	1 794.6	24.9	1 722.5
加纳	21.6	552.1	—	938.8	—	—	—	1 473.9	—	—	—	—
古巴	21.6	303.0	9.3	850.5	—	—	3.6	—	—	—	—	—
尼日尔	19.7	1 377.9	0.2	778.7	17.9	1 751.4	28.5	1 872.0	0.0	0.0	4.5	1 730.5

（续表）

国家名称	辣椒种植面积（万亩）	辣椒单产（千克/亩）	黄瓜种植面积（万亩）	黄瓜单产（千克/亩）	生菜种植面积（万亩）	生菜单产（千克/亩）	卷心菜种植面积（万亩）	卷心菜单产（千克/亩）	西蓝花种植面积（万亩）	西蓝花单产（千克/亩）	萝卜类种植面积（万亩）	萝卜类单产（千克/亩）
哈萨克斯坦	19.2	1 673.1	34.5	1 650.7	0.0	0.0	30.2	1 819.1	0.2	1 385.0	32.1	1 934.8
委内瑞拉	16.7	927.2	1.7	967.2	5.7	1 356.6	5.6	1 920.7	2.1	1 511.2	13.7	1 698.2
乌克兰	16.5	707.3	67.7	1 220.4	0.2	1 020.0	89.0	1 723.9	1.2	760.0	57.3	1 307.0
埃塞俄比亚	16.2	368.4	0.2	1 449.8	0.8	17.7	74.6	646.6	—	—	10.5	250.3
尼泊尔	16.1	628.8	0.0	0.0	1.2	404.9	0.5	1 783.3	0.2	1 296.4	0.0	0.0
老挝	16.1	108.4	—	—	—	—	—	—	—	—	—	—
塞尔维亚	15.3	942.9	4.2	728.5	0.0	0.0	11.0	1 503.5	0.0	0.0	4.1	1 276.9

信息来源：根据 FAO 2022 年数据整理。

（三）节水抗旱品种和选育技术出海

上海市农业生物基因中心成功研发的节水抗旱稻已在多个国家的田间地头生根发芽。从非洲的肯尼亚、坦桑尼亚、马达加斯加到乌干达、加纳，从南亚的印度到东南亚的印度尼西亚、缅甸，在多国土地上展现出良好适应性和高产性，产量普遍高于当地品种10%~45%，并表现出优异的抗病特性。特别是，在肯尼亚、乌干达和加纳，节水抗旱稻试验种植取得了30%的增产效果，已得到联合国环境规划署的高度认可。

三、农业科技合作深化

从合作实践看，中国-巴基斯坦农业科技合作中心致力于推动中巴两国在农业科技领域的合作，组建小麦分子育种国际联合实验室，推进种质资源交换、育种技术研发等，有效提升巴基斯坦小麦育种水平，将小麦新品种培育审定时间缩短4~5年。北京市农林科学院按照巴基斯坦小麦种植需求开展适应性研发，针对该国"干旱、少雨、高温、盐碱地、病虫害严重"的小麦种植环境进行种质资源筛选、测配，育成的杂交小麦品种在巴基斯坦近万亩示范区的最高亩产突破400千克，比巴基斯坦194.6千克/亩的全国平均单产水平提高了一倍多。中国援刚果（布）农业技术示范中心是中国在非洲建成的24个农业技术示范中心之一，中国专家将从中国带来的木薯育种材料和品种进行种植试验，选育出3个适宜当地气候和资源条件的高产抗病木薯品种，比当地品种产量提高数倍。中乌友谊农业技术示范中心在以卢韦罗中乌农业合作示范园为核心的综合技术集成转让基地建设中，引进3个作物新品种以及1个动物新品种，推广包括杂交水稻、马铃薯、玉米、豆类等作物的育种技术并开展种质资源交换，共同推动乌干达种业技术进步，实现互利共赢。中国农业科学院以南繁研究院为依托同IRRI（国际水稻研究所，位于菲律宾）、CIMMYT（国际玉米小麦改良中心）共建国际育种中心，合作开展种质资源发掘利用、生物育种研究，进一步提升国际种业创新活力。这些合作机构通过建立联合种质资源库、共同收集和保存双方的优势种质资源、培育适应该国气候和土壤条件的品种、培养双方农业科技人才等，助力各国充分利用种质资源，以更优良的品种为世界农业生产赋能。

第二章
国际种业竞合态势

当前，全球科技创新进入空前活跃的时期，新一代生物科技、数字技术等广泛渗透，重构全球创新竞争格局。同时，农业大国纷纷从粮食安全出发强化产业链供应链控制，注重种业本土化发展，形成种业逆全球化发展动向。跨国种业企业凭借科技及产业优势，对全球种业市场的垄断进一步深化。面对复杂多变的竞争态势，我国亟待抓住新质生产力跃升的重大机遇，推动种业科技和产业发展由"跟随者"向"引领者"的重大转变，加快科技自立自强、种源自主可控步伐，有力支撑农业强国建设，并为促进全球粮食安全作出中国贡献。

第一节 领先国家加速科技创新驱动种业升级

全球种业经历了原始育种、常规育种和分子育种三个时代的跨越，正在进入以生物技术、人工智能、大数据为主的智能育种4.0时代，育种精准性和效率正在大幅提升。当前，以全基因组、转基因、基因编辑等为代表的生物育种技术迅猛发展，助力植物育种更加高效和精准，为应对病虫害、环境退化、气候变化等挑战提供了新的解决方案，推动了农业新一轮绿色革命的发展。

一、生物技术催生种业新工具新产品

世界主要国家加快布局生物技术研发与应用。 美国于2018年发布《至2030年推动食品与农业研究的科学突破》，重点聚焦种业、畜牧业等七大优先方向，并指出基因组学和精准育种是解决关键技术挑战的五大突破技术之一；2021年，美国农业部发布《美国农业创新战略》报告，将基因组设计列为对未来农业创新具有重大影响的新兴领域之一，并提出要

重点利用基因组学和精准育种技术，解析、调控和改良重要农业生物性状，助力培育高产、抗逆、抗病虫以及高养分利用效率的动植物新品种；2022年，拜登签署《生物技术与生物制造》总统行政命令，旨在利用生物技术打造先进产业以确保美国竞争力；2023年，美国宣布生物技术与生物制造领域的新目标和优先事项，重点关注保鲜期长、营养成分高、抗逆性好等农艺性状的植物品种培育。欧盟将生物育种纳入欧洲框架计划，加强开展遗传资源保护利用以及动植物育种研究；将生物技术列入十项关键技术清单，将开展风险评估工作并考虑出口管制。英国于2023年3月通过了《基因技术法案》，将引入一个基于科学的简化监管体系，以促进精准育种领域研究和创新。日本和韩国亦将先进生物技术列为战略重点，特别是基因编辑和合成生物学等关键技术。中国已经将生物技术列入九大战略性新兴产业，生物育种作为生物技术产业在农业领域的主赛道，受到国家的大力支持，中国先后启动实施了一批生物育种重大项目，如国家重点研发计划"七大农作物育种"重点专项、"转基因生物新品种培育"国家科技重大专项、科技创新2030——"农业生物育种"重大项目等，在基因挖掘、遗传转化、品种培育、安全评价与管理等方面取得了一系列重大进展。

生物育种基础研究和应用研究不断取得突破，为遗传改良提供更多可能。 国内外科研界在高产、抗病、耐逆、育性等重要农艺性状基因挖掘方面不断取得重要进展。例如，国内机构鉴定出来了小麦群体产量的关键位点和重要耐盐碱调控基因 $AT1$，发现了引起籼稻和粳稻杂种花粉不育的位点，为利用生物技术培育优良品种提供了理论和技术支撑；国外机构鉴定出了马铃薯晚疫病菌的免疫受体 PERU，发现了有望克服目前双单倍体育种技术瓶颈的新方法。

转基因技术是目前全球商业化应用最成功的生物育种技术。 2023年，全球转基因作物面积比2022年增长了1.9%，达到2.0626亿公顷[①]。美国转基因技术研发处于全球领先地位，于1983年成功培育出世界首例转基因作物，1994年批准全球首例转基因作物进入商业化生产，1996年成为

---

① 来自AgbioInvestor的GM Monitor。

全球首批开展转基因作物商业种植的国家之一,也是目前转基因作物种植面积最大的国家。1992—2021 年,美国是转基因育种领域最主要的专利持有国,专利数占全球总量的 58.6%,并且核心专利数量占全球核心专利总量的比例在 80% 以上。近年来,随着一些重大科技专项计划的实施,中国已建立了完整的转基因育种技术体系,研发能力进入世界前列,专利持有量位居全球第二位。

基因编辑育种技术发展迅速。根据核酸酶种类的不同,基因编辑技术又可分为归巢核酸内切酶(Meganuclease,MN)、锌指核酸酶(Zinc Finger Nucleases,ZFNs)、转录激活因子样效应物核酸酶(Transcription Activator-Like Effector Nucleases,TALENs)和成簇规律间隔的短回文重复序列及其相关系统(Clustered Regularly Interspaced Short Palindromic Repeats and associated Cas system,CRISPR/Cas)4 类。由于天然的归巢核酸内切酶的酶切位点少、人工改造难度大,目前应用最为广泛和常用的基因编辑技术主要为 ZFNs、TALENs 和 CRISPR 3 种。其中,CRISPR 具有操作容易、成本低、入门门槛低等特点,成为基因编辑技术的主流(表 2-1)。

表 2-1 各类基因编辑技术特点

技术名称	出现时间	核酸酶特点	效果
MN	1988 年	自然界存在	特异性高,不易脱靶;位点少
ZFNs	2002 年	第一代人工改造合成	设计困难、对特定靶点有高特异性,灵活性和广适应性差、成本较高
TALENs	2010 年	第二代人工改造合成	设计容易、特异性更高;但组装复杂、靶点有限、成本略高
CRISPR	2012 年	第三代人工改造合成	简单、快捷、廉价、高效,技术拓展性好;但精准度和特异性相对较低

当前,基因编辑领域的核心专利主要由欧美地区的大学和企业所掌控。其中,MN 的专利主要掌握在法国皮埃尔与玛丽-居里大学、Cellectis 公司、美国杜克大学和 Precision 公司等手中。ZFNs 技术的核心专利由美国犹他大学、Sangamo 公司和 Sigma-aldrich 公司把持。TALENs 技术的核心专利主要由德国哈雷-维滕贝格马丁·路德大学、美国明尼苏达大

学、爱荷华州立大学和 Sangamo 公司掌控。CRISPR 的重要专利主要集中在 Broad 研究所、麻省理工学院、加利福尼亚大学、哈佛大学和 Caribou 公司等机构手中（图 2-1）。中国基因编辑研究起步晚，呈现明显的追赶态势。其中，作物基因编辑领域年度论文发表量于 2017 年首次超过美国，居全球首位[①]。

皮埃尔与玛丽-居里大学	MN															
Cellectis公司		MN														
杜克大学					MN											
Precision公司							MN									
犹他大学		ZFN														
Sangamo公司		ZFN								TALEN						
Sigma-aldrich公司								ZFN			ZFN	ZFN				
哈雷-维滕贝格马丁·路德大学									TALEN							
明尼苏达大学									TALEN							
爱荷华州立大学									TALEN							
Broad研究所												CRISPR		CRISPR	CRISPR	CRISPR
麻省理工学院												CRISPR		CRISPR	CRISPR	CRISPR
哈佛大学												CRISPR		CRISPR	CRISPR	
加利福尼亚大学												CRISPR				
Caribou公司													CRISPR		CRISPR	
年份	1992	2002	2003	2004	2005	2006	2007	2008	2009	2010	2011	2012	2013	2014	2015	2016

⊠ MN技术　⊠ ZFN技术　♥ TALEN技术　♦ CRISPR技术

图 2-1　基因编辑技术核心专利的分布情况

多个国家和地区已对基因编辑技术及其衍生产品监管展开了深入的讨论或采取措施，逐步健全相关监管体系。其中，美国、加拿大、巴西、阿根廷、日本等国家对于基因编辑技术及其衍生产品的监管较为宽松和明确。欧盟较为严格，欧洲法院在 2018 年裁定基因编辑应受到转基因指令的监管，但该裁决在欧盟各界引发了广泛争议。2024 年 1 月，欧洲议会通过新基因组技术提案，将可自然产生或通过常规育种获得的新育种技术衍生植物与传统植物同等对待。英国《基因技术法案》于 2023 年获得批准。中国基因编辑监管政策介于严格和宽松之间，整体上要比转基因监管政策宽松，转基因生物安全证书批准需要 6 年，基因编辑生产安全证书最短可缩至 1～2 年。

农用基因编辑产品商业化进展不断加快。全球已有多款基因编辑农产品获批上市。美国于 2019 年批准全球首款油酸含量高达 80% 的基因编辑大豆油上市销售，并于 2023 年推出全球首款基因编辑蔬菜（芥菜）。

① 李东巧，杨艳萍，2019. 作物基因组编辑技术国际发展态势分析 [J]. 中国科学：生命科学，49（2）：179-190.

2021—2023 年，日本先后批准了高 γ- 氨基丁酸（GABA）含量的基因编辑番茄、可食用肉量大幅增加的基因编辑红鲷鱼以及生长速度翻倍的基因编辑河豚、高支链淀粉基因编辑糯玉米等产品商业化销售。菲律宾确认 Tropic 公司基因编辑香蕉为非转基因品种，这是菲律宾首例通过基因编辑监管程序的产品。阿根廷将发布拉丁美洲首个抗褐变的基因编辑马铃薯。

二、数字技术赋能催生新平台新业态

当前，新一代信息与数字技术的创新与应用空前活跃，新技术赋能效应使传统种业不断催生新平台和新业态，推动种业研发、生产、经营及管理等方面发生深刻变革。种业数字化转型发展已成为必然趋势。

卫星、无人机、机器人、可穿戴传感器等新一代表型数据采集装备，突破了传统作物表型数据采集方法复杂、时间长、成本高等瓶颈，使得以无损、快速和低成本方式监测作物表型和筛选作物品种成为可能。欧美国家在此类新技术、新手段的研发与应用方面始终走在国际前列。一是卫星图像、无人机系统成为空中远程监控多个地点的最佳方法，在实现高度标准化检测的同时还能有效降低成本。国际玉米小麦改良中心、SynTech 等科研机构及企业分别利用新一代多时相、高分辨率卫星实现了同时监测不同环境下的作物性状信息，日本重点利用无人机图像进行作物表型分析。二是农业机器人成为可在地面布置的强大植物表型数据采集及分析工具，具有操作简易灵活、能够实现传感多样化及多传感器信息融合、能够无缝接入更大表型分析网络等优势。三是可穿戴传感器成为一种新兴的接触式表型数据收集工具，为应对非接触式测量模式下存在的空间分辨率和精度问题挑战提供了一种有前途的解决方案。采集设备、人工智能与作物表型研究有效结合不仅可以扩大表型数据量级，还可以挖掘从分子、组织、个体到群体的所有层次表型，并有望实现新表型预测。未来，通过整合表型组学、环境组学和基因组学研究，将有望大幅加快品种培育速度。

高通量测序和基因型鉴定技术的发展，使快速获取育种材料的基因型成为可能，并能极大降低基因分型和种质检测成本，为种业数字化发展奠定坚实基础。当前，基因检测技术已实现产业化应用，主流基因分型技术主要源自欧美国家。全球领先的基因组大数据公司 NRGene 开发出能够分析海量基因组数据的大平台，拜耳集团（BAYER，以下简称拜耳）、先正达集团股份有限公司（以下简称先正达集团）纷纷与其合作，以进一步提升他们在基因组筛选、性状发现以及基因组改造领域的研发能力，加快性状开发和作物育种进程。以色列企业推出了全球首台人工智能驱动的种子分选机 GeNee Sorter，其集成了先进的计算机视觉深度学习算法和最先进的图像分类技术，可在不破坏种子的情况下，仅通过处理种子表型等图像数据，实现每粒种子质量的等级评价。国际水稻研究所采用机器学习和计算机视觉与高通量表型分析技术，结合人类经验可实现国际水稻基因库（每年添加和补充数以万计的种子）中水稻种子质量的快速判别，预计可在两年内对全部藏品进行识别和编目，并且成本可降低至原来的 1/16。我国基因检测与基因分型技术发展快速。深圳华大智造科技股份有限公司引领国产基因测序技术，可通过精准分析农作物基因组，揭示其遗传变异与进化关系，为我国育种工作提供更精确的指导。中国农业大学种子科学与技术研究中心联合南京智农云芯大数据科技有限公司（AgriBrain）研发了一款简单易用、兼具高通量表型提取和种质检测的软件 AIseed，可进行种子净度与活力检测和纯度鉴定。

在智能计算与人工智能、大模型等技术的加持下，农作物育种范式正从"试验选优"向"计算选优"转变，助力育种过程的设计性、预见性和可控性。国际育种前沿正处在 3.0 到 4.0 的转换期，相比之下，我国的育种水平尚处于 2.0 到 3.0 阶段。欧美国家重点以企业为主导推动数字化育种技术研发。拜耳、科迪华公司（Corteva，以下简称科迪华）、先正达集团等国际种业巨头，利用人工智能、机器学习等技术，基于海量基因组、表型和环境数据进行种子的选择、优化，已纷纷构建起成熟的数字化育种体系。以色列与荷兰企业合作推出的育种新平台 PhenoGene，使育种者能够根据来自多个亲本的遗传性状信息设计理想的植物。德国与美国企业合作利用机器学习开展抗性基因研究，有望彻底改变抗性基因发现和验证过程，大幅缩短抗病品种培育与商业化周期。我国公共机构数字化育种技术发展快速。华中农业大学开发出高性能基因组育种大数据计算新工具"天权（HIBLUP）"，并向全球发起开放、共享与合作的设计育种倡导——CropGPT，探讨了如何整合现有资源（包括种质、生物大数据及人工智能方法），升级现有育种技术，并提出了可能的运作流程及潜在理论基础。崖州湾国家实验室等机构发布了国内首个种业大语言模型"丰登"，为AI助力生物育种提供了新的探索路径。中国农业大学发布了"神农大模型2.0"，其广泛覆盖育种、种植、养殖、农业遥感及气象等多个农业应用场景，拓宽了应用范围。

智能育种正成为种业数字化转型发展的新兴前沿，欧美国家和地区纷纷加强智能育种领域前瞻布局，我国同样积极推动智能育种技术体系建设。2018—2021年，日本向智能育种领域投入11.48亿日元，开发基因编辑和数据驱动育种的基础技术。2023—2033年，荷兰政府预计投入5 000万欧元，开发新一代智能育种工具，加快耐逆新作物品种培育。美国先后多次投入近4 000万美元，重点支持包括应用数量遗传学、基因工程、建模和人工智能等技术和方法开发和改良作物品种，并成立可编程植物系统研究中心，促进数字生物学新领域发展。韩国指出将大力推进种业技术革新，将数字育种等新育种技术及其商业化列为优先发展目标，未来将全面过渡到使用人工智能和大数据的新品种开发系统。我国明确提出要推进种业数字化，加快种业大数据的研发与深度应用，逐步实现定制设计育种，同时将构建数字化育种平台，探索"表型-基因型"的智能育种技术体系。

第二节　各国围绕种业增强产业链控制力

近年来，地缘政治摩擦频发导致逆全球化趋势和保护主义倾向加剧，全球产业链供应链体系呈现出区域化、友岸化等趋向。各国加紧把控本国关键产业链供应链，注重种业本土化发展。

美国政府多次提出产业链完整性、产业链弹性等议题，在维护产业链安全、增加产业链韧性方面出台了相应政策。其中，在农业、生物技术方面，2021年2月，拜登签署了《美国供应链行政命令》，要求美国农业部长开展农业供应链安全评估。2021年6月，拜登宣布成立供应链中断特别工作组，专门缓解农业和食品等行业短期供需错配。2022年9月，拜登签署《关于推进生物技术和生物制造创新以实现可持续、安全和可靠的美国生物经济行政命令》，旨在推动生物制造业回流，以替代海外供应链。2023年11月，拜登政府成立供应链韧性委员会，旨在与私营部门合作，更好地保障国内食品等供应链安全。系列举措表明，其产业链布局的基本驱动力已不再完全遵循成本最小化原则，产业链安全和弹性布局可能成为其未来产业链整体布局的首要原则。

跨国种业公司将制种基地向拉丁美洲等市场潜力大、制种成本较低的区域转移，从而加强供应链目标市场本土化。拉丁美洲幅员辽阔、资源丰富且市场潜力巨大，成为农业板块快速增长的市场，也是几乎所有种业跨国企业最重要的市场之一。近年来，受益于出口导向型农业和地缘优势，智利、巴西等拉美国家制种产业迅速壮大，种子出口量大幅增长。例如，2023年，巴西和智利的种子出口幅度分别比2022年增长了39.85%和18.24%。该区域制种业增长的一大动力源于种业跨国企业不断推动其种业产业链向这些区域市场聚集。例如，科迪华先后关停了欧洲、中东、非洲和亚太地区的多个海外种子生产基地，但其在拉丁美洲布设的生产基地数量不降反增，由2021年的10个上升到2022年的14个。拜耳作物科学领域的重要研发与生产基地主要分布在欧洲地区（拜耳总部所在地）和北美地区（孟山都公司总部所在地），相对亚太地区来看，拉丁美洲成为其更为看重的科研与生产基地布局区域。2023年，拜耳在巴西开设了全球首家也是唯一一家直接向消费者销售农业投入品的实体店，并配有一支训练有素的技术支持专家团队，旨在使该部门成为"确保该地区农民能够获得种子和生物技术解决方案、作物保护产品和数字工具的新渠道"，在稳固巴西市场的同时扩大拜耳产品在巴西市场的影响力。2024年2月以来，先正达集团、隆平高科先后披露了其在巴西市场的蔬菜种子公司和大豆种子加工厂收购计划，以强化在该地区的发展。

第三节　跨国种业企业产业链竞争力持续增强

分析2023年全球种业龙头企业发展状况可见，一是经营业绩和市场份额稳步提升，二是产品和技术出现新突破，三是产业链发展能力进一步升级。

在经营方面，2023年全球前十强种子企业营收大多实现了同比增长，合计超350亿美元，同比增长10.5%，占全球市场份额达到69%。其中，前三强企业合计营收占全球市场份额达到51%（表2-2）。

表2-2　种业前十强企业总体营收、种业营收及研发费用占比

	企业名称	总营收			种业营收			2023年种业营收占总营收比例（%）	2023年研发费用占总营收比例（%）
		2023年（亿美元）	2022年（亿美元）	同比增长率（%）	2023年（亿美元）	2022年（亿美元）	同比增长率（%）		
1	拜耳	515.01	533.34	-3.4	109.87	97.42	12.8	21.3	11.3
2	科迪华	172.26	174.55	-1.3	94.72	89.79	5.5	55.0	7.8
3	先正达集团	322.00	334.15	-3.6	48.00	46.77	2.6	14.9	—
4	巴斯夫集团	744.91	917.93	-18.8	21.21	19.68	7.8	2.8	3.1
5	威马	20.48	17.87	14.6	20.48	17.87	14.6	100.0	15.6
6	科沃施	19.67	17.33	13.5	19.67	17.33	13.5	100.0	17.3
7	丹农	12.71	11.98	6.1	12.71	11.98	6.1	100.0	—
8	隆平高科	13.04	11.19	16.5	11.95	4.67	155.9	91.7	8.9
9	瑞克斯旺	6.41	5.78	10.9	6.41	5.78	10.9	100.0	30.4
10	坂田	5.65	6.33	-10.7	5.01	5.62	-10.8	88.7	11.7
	合计	1 832.15	2 030.45	-9.8	350.04	316.91	10.5	19.1	—

数据来源：根据公开信息整理。

在技术及产品方面，全球种业龙头企业持续多点突破。拜耳选育的矮秆玉米在美国、加拿大、巴西等国获得种植许可，2023年夏天在美国开展的田间试验表明，矮秆玉米比高秆玉米具有更好的抗风能力、更加耐密增产、更容易进行田间管理；拜耳宣布与农业基因编辑公司Pairwise

达成为期 5 年的项目合作，利用 Pairwise 的 Fulcrum™ 平台，重点增强基因编辑矮秆玉米的创新；拜耳还与韩国基因编辑技术公司 G+ FlAS 签署了合作意向书，共同开发新型 CRISPR 基因编辑的维生素 D_3 增强番茄品种。科迪华在禾本科植物中开发了基于叶片供体材料的高效转化系统，利用新启动子组合驱动 *Bbm* 和 *Wus2* 形态发生基因的增强表达，可有效增加转化和基因编辑效率。先正达集团推出了 4 种适合温室种植的新番茄品种——Crystelle、Emyelle、Sicybelle 和 Adorelle，其对番茄花叶病毒、番茄黄化曲叶病毒以及根结线虫等均具有抗性。

在产业链升级方面，全球种业龙头企业以种子产品为中心并不断向上下游深度拓展，将种子链、种植链、消费链、物流链等进行有机融合，形成了与之相匹配的新的产品市场、要素市场和技术服务市场。一是由制药（化工）企业通过兼并重组已经实现对种子、农化等农业投入品的整合，推动形成了"种子＋农化＋服务"的全产业链一体化格局。例如，拜耳为农户提供从种子、作物保护到数字化技术与服务的综合解决方案，推动种子、农化与数字化服务业务融合发展；科迪华在融合种质资源、种子处理以及植物保护技术的基础上，进一步向农户提供农业一体化解决方案。二是持续推进数字农业、智慧农业发展，通过数字化、智能化手段全面提升农业生产、经营和管理效率。例如，拜耳旗下的 Climate FieldView 已成为重要的决策工具，广泛应用于全球超过 2.2 亿英亩（1 英亩 ≈4 047 平方米，下同）的土地，并向农民提供量身定制的解决方案以及气候智能农业实时监管等功能；拜耳与微软合作推出基于云的农业企业解决方案，即 AgPowered 服务，为种植户提供有用且可行的建议；先正达集团与凯斯纽荷兰工业集团、约翰迪尔公司等农机巨头开展合作，加强其 Cropwise 平台与合作方产品的数字互联应用，助力简化农户和顾问的决策过程；巴斯夫集团与久保田集团（以下简称久保田）、全农公司加强合作，将各自产品进行集成和连接，帮助改进和优化日本的水稻生产；科迪华通过采用前沿数字化手段，结合公司农艺技术及种子与植保相关数据洞察，打造出一套面向未来、高效且一体化的农业耕作和农场运营管理模式，以加快农业生产的生态绿色低碳转型。三是种业龙头企业凭借其敏锐的洞察力，纷纷通过合作、投资、平台建设等方式前瞻部署低碳农业相关业务，以期在未来行业发展中占据先机或主导地位，最终实现产品价格溢价或进入新市场。例如，拜耳启动全球碳倡议计划，扩展FieldView™数字农业平台的碳核算功能，推出业界首创的数字碳足迹测量解决方案，开启了碳交易的新商业模式；巴斯夫集团启动全球碳农业计划，要求原材料供应商采购遵守可持续标准，成立价值链可持续发展共建联盟，并通过创新技术减少农业生产对环境的负面影响；科迪华利用数字技术和生物技术推动低碳农业发展，与环保组织、再生农业组织和企业合作开展固碳测量和碳信用交易。

第四节 国际种业合作有待拓展作物和区域

国际种业合作的拓展作物方向包括粮食作物和经济作物两大类。一方面，继续发挥我国具有出海能力的杂交水稻、杂交小麦、棉花和露地栽培蔬菜作物种子的优势，进一步促成技术能力和品种出海；另一方面，酝酿生物育种技术和品种出海。目标区域主要为共建"一带一路"国家和地区，特别是其中的全球农业潜力区和产业增值区。

一、合作国家和地区

我国农作物种业出海的方向与路径，与农作物种植存量面积和增量潜力息息相关。潜力区域主要为共建"一带一路"国家和地区，包括：存量耕地面积较大的区域，有耕地潜力的国家和区域，有单产提升潜力的国家和区域，生物育种商业化种植管理政策调整的国家和区域，主要为地处美洲、亚洲、非洲和东欧的部分国家及地区。同时，跨国种业企业的研产销经营布局调整，为我国育种技术拓展国际合作、服务潜力区域创造了机会。

从全球转基因种植面积发展情况看，往往一国放开转基因作物的商业化种植后，对应作物的转基因普及率就会提升。如果该国该作物种植面积在全球占比高（2022年各国主要农作物种植面积见表2-3），则会显著影响该作物在全球的转基因普及率。因此如果该国是有关作物的主要种植国,就是对应作物种子的发展潜力国。但与此同时,各国对转基因、基因编辑等生物育种技术管理政策有较大不确定性,并往往伴有本国企业控股主导等要求。

表 2-3　2022 年各国主要农作物种植面积　　　　　　　　单位:万亩

国家	玉米种植面积	大豆种植面积	棉花种植面积	水稻种植面积	小麦种植面积
美国	48 081.0	52 408.5	4 516.5	1 318.5	21 537.0
巴西	31 557.0	61 342.5	2 473.5	2 434.5	4 750.5
印度	14 937.0	18 220.5	18 558.0	69 600.0	45 688.5
阿根廷	13 152.0	23 811.0	720.0	279.0	9 822.0
墨西哥	10 167.0	169.5	298.5	57.0	880.5
尼日利亚	8 700.0	1 650.0	682.5	6 870.0	150.0
乌克兰	6 187.5	2 290.5	0.0	1.5	7 923.0
印度尼西亚	6 100.5	303.0	0.0	15 679.5	0.0
坦桑尼亚	6 000.0	52.5	825.0	1 497.0	90.0
南非	4 503.0	1 387.5	27.0	1.5	850.5
刚果(金)	4 456.5	76.5	109.5	2 832.0	12.0
安哥拉	4 137.0	54.0	9.0	13.5	4.5
俄罗斯	3 966.0	5 034.0	0.0	255.0	44 032.5
埃塞俄比亚	3 825.0	108.0	126.0	90.0	3 450.0
菲律宾	3 787.5	0.0	0.0	7 206.0	0.0
罗马尼亚	3 655.5	204.0	0.0	4.5	3 253.5
肯尼亚	3 234.0	3.0	13.5	45.0	184.5
莫桑比克	2 725.5	60.0	201.0	435.0	24.0
马拉维	2 625.0	322.5	69.0	114.0	1.5
巴基斯坦	2 580.0	0.0	3 216.0	4 464.0	13 465.5
法国	2 184.0	276.0	0.0	18.0	7 425.0
马里	2 181.0	51.0	894.0	1 332.0	10.5
加拿大	2 166.0	3 177.0	0.0	0.0	15 123.0
贝宁	2 086.5	421.5	870.0	202.5	0.0
喀麦隆	1 950.0	85.5	352.5	235.5	0.0

（续表）

国家	玉米种植面积	大豆种植面积	棉花种植面积	水稻种植面积	小麦种植面积
加纳	1 950.0	172.5	22.5	457.5	0.0
巴拉圭	1 804.5	5 280.0	25.5	255.0	657.0
波兰	1 794.0	27.0	0.0	0.0	3 777.0
赞比亚	1 672.5	562.5	37.5	60.0	51.0
乌干达	1 650.0	31.5	148.5	390.0	22.5

数据来源：FAO 数据（2022 年）。

从已推广转基因商业化种植作物的普及率看，抗虫、耐除草剂这两大性状对作物种植业的降本增效性能提升效果显著，因此生产端会持续推广至普遍接受。从 2023 年全球各作物的转基因种植普及率（图 2-2）看，棉花为 76.0%、大豆为 72.4%、玉米为 34.0%、油菜为 24.0%、甜菜为 11.0%、苜蓿为 3.4%、甘蔗为 0.2%。可以预见，这些以抗虫耐除草剂复合性状为主、兼顾集成其他抗病抗逆等性状的转基因种子种苗，还将有持续的发展潜力。

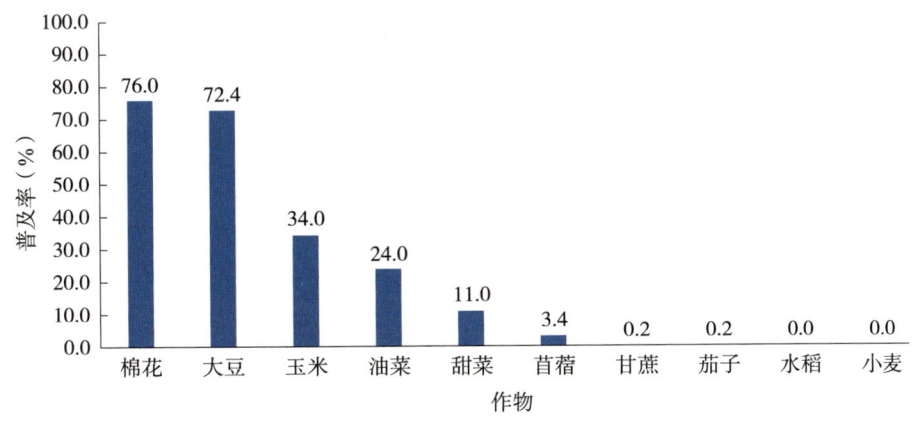

图 2-2　2023 年全球不同作物转基因普及率
（信息来源：Agbio Global 数据）

二、合作发展作物

一方面，要继续发挥好我国具有出海能力的杂交水稻、杂交小麦、棉花和十字花科、茄科、葫芦科、百合科等露地栽培园艺作物种子优势，进一步促成技术能力和品种出海；同时，也要酝酿生物育种技术和品种出海。随着我国逐步放开转基因玉米、大豆商业化种植，众多科研机构和企业如中种集团、大北农、杭州瑞丰生物科技有限公司（以下简称杭州瑞丰）、北京粮元生物科技有限公司（以下简称粮元生物）、浙江新安化工集团股份有限公司、北京国丰生科生物科技有限公司、青岛清原作物科学有限公司等在玉米、大豆转基因研发方面持续发力，与商业应用形成循环，促成更多的抗虫、耐除草剂等性状开发和技术能力发展。从海外发展看，先正达集团的转基因玉米、大豆、棉花、油菜等转基因性状和授权品种被众多国家批准种植，大北农的转基因大豆获得阿根廷种植许可；大北农生物巴西公司获批"生物安全许可证"（CQB），具备在巴西自主开展转基因生物科研开发、法规注册及商业化推广相关活动的资质；隆平农业发展股份有限公司（以下简称隆平发展）在南美、美国、非洲等市场拥有科研布局及商业网络，在南美建立了玉米、大豆、高粱等农作物种子的研发和科技创新平台。我国基因编辑育种技术企业如山东舜丰生物科技有限公司（以下简称山东舜丰）、苏州齐禾生科生物科技有限公司（以下简称齐禾生科）等在小麦、玉米、大豆、薯类和蔬果等多类作物育种技术不断进步。随着有关国家逐步放开转基因玉米、大豆、棉花、基因编辑小麦、薯类、蔬果等商业化种植的进程，我国一些生物育种企业可能在新放开国家实现出海拓展。

作物种植面积大且单产较低的国家和地区，是作物育种技术推广潜力地区。表2-4所示为全球主要农作物种植大国在玉米、大豆、水稻、小麦、棉花等细分作物的单产情况。其中，亚洲、非洲等"一带一路"国家，在众多作物上有引入能有效提升单产的品种的需求。特别是非洲国家，短期内虽不易承受性能更优但价格较高的种子，但随着其经济发展与人口增长，中长期看依然有较显著的需求。美洲、欧洲国家的部分农作物类别，也有引入更高性能品种的需求。

表 2-4　主要农产品生产大国的单产情况等　　　单位：千克/亩

国家	玉米单产	大豆单产	水稻单产	小麦单产	棉花单产	有单产提升潜力作物
中国	429.1	132.0	472.0	390.4	402.7	玉米、大豆
美国	725.3	222.1	551.7	208.5	187.5	小麦、棉花等

(续表)

国家	玉米单产	大豆单产	水稻单产	小麦单产	棉花单产	有单产提升潜力作物
巴西	346.7	196.8	442.5	217.7	259.7	小麦、棉花、蔬菜等
印度	225.8	71.3	282.0	235.8	80.8	玉米、大豆、水稻、小麦、棉花、蔬菜等
阿根廷	448.9	184.2	438.0	225.5	154.9	小麦、棉花、蔬菜等
墨西哥	261.9	142.0	436.8	406.2	291.7	玉米、大豆、棉花等
尼日利亚	148.8	64.2	123.8	73.3	32.8	玉米、大豆、水稻、小麦、棉花、蔬菜等
乌克兰	423.3	150.3	294.3	261.7	—	水稻、小麦、大豆等
印度尼西亚	386.2	99.3	349.2	—	14.4	水稻、玉米、大豆、棉花、蔬菜等
坦桑尼亚	98.3	77.7	190.8	83.3	45.2	玉米、大豆、水稻、小麦、棉花、蔬菜等
南非	358.4	82.7	192.5	245.7	153.3	玉米、大豆、水稻、小麦、棉花、蔬菜等
刚果（金）	51.2	35.3	59.7	75.0	28.4	玉米、大豆、水稻、小麦、棉花、蔬菜等
安哥拉	74.7	68.7	82.2	58.6	40.6	玉米、大豆、水稻、小麦、棉花、蔬菜等
俄罗斯	399.9	119.3	361.5	236.7	—	大豆、水稻、小麦、蔬菜等
埃塞俄比亚	266.7	175.9	231.1	202.9	136.5	玉米、大豆、水稻、小麦、棉花、蔬菜等
菲律宾	217.9	94.9	274.1	—	113.0	玉米、大豆、水稻、小麦、棉花、蔬菜等
罗马尼亚	219.8	126.9	343.5	267.0	—	玉米、大豆、小麦等
肯尼亚	95.4	66.4	432.9	146.6	29.2	玉米、大豆、水稻、小麦、棉花、蔬菜等
莫桑比克	71.6	83.3	83.9	66.7	40.6	玉米、大豆、水稻、小麦、棉花、蔬菜等
马拉维	141.6	68.2	129.3	66.7	42.0	玉米、大豆、水稻、小麦、棉花、蔬菜等
巴基斯坦	394.8	42.9	246.0	194.6	74.9	大豆、水稻、小麦、棉花、蔬菜等
法国	498.0	136.2	365.5	466.4	—	大豆、蔬菜等
马里	179.0	39.2	215.0	306.8	58.8	玉米、大豆、水稻、小麦、棉花、蔬菜等

（续表）

国家	玉米单产	大豆单产	水稻单产	小麦单产	棉花单产	有单产提升潜力作物
加拿大	671.3	206.0	—	227.0	—	蔬菜等
贝宁	77.6	72.6	259.6	—	67.6	玉米、大豆、水稻、棉花、蔬菜等
喀麦隆	112.8	113.4	145.9	89.1	114.8	玉米、大豆、水稻、小麦、棉花、蔬菜等
加纳	167.0	115.9	280.4	—	124.4	玉米、大豆、水稻、棉花、蔬菜等
巴拉圭	343.2	85.8	337.8	113.4	148.8	玉米、大豆、水稻、小麦、棉花、蔬菜等
波兰	465.1	159.1	—	349.3	—	大豆、蔬菜等
赞比亚	161.7	84.6	104.9	466.6	60.7	玉米、大豆、水稻、棉花、蔬菜等
乌干达	169.7	453.1	187.2	111.1	90.9	玉米、水稻、小麦、棉花、蔬菜等

信息来源：Agbio Global 数据。

总体看，中国种业在海外较有潜力地区是共建"一带一路"国家，共涉及152个国家。其中亚洲、非洲、欧洲、大洋洲、南美洲和北美洲分别包括41个、52个、26个、11个、9个和13个国家。中国杂交水稻和蔬菜、转基因玉米和大豆、基因编辑小麦等农作物在国内形成品种竞争力后，稳步推进目标国品种权保护、性状等专利保护，是拓展海外国家合作的可行路径。

1. 拉丁美洲地区

中国优势种子企业在拉美地区的潜力作物是转基因玉米、大豆和杂交水稻品种（表2-5、表2-6）。

表2-5 拉丁美洲国家潜力耕地面积列表

地区	国家	耕地面积（万亩）	在该国发展潜力
南美洲	巴西	84 000.0	较高
南美洲	阿根廷	49 000.0	较高
北美洲	墨西哥	30 000.0	中
南美洲	哥伦比亚	7 000.0	中

(续表)

地区	国家	耕地面积（万亩）	在该国发展潜力
南美洲	巴拉圭	7 000.0	中
南美洲	玻利维亚	7 000.0	中

数据来源：世界银行数据（2020）。

表 2-6　2023 年拉丁美洲国家转基因作物面积

排名	国家	转基因面积（万亩）	年际变化（%）	占比（%）
1	巴西	100 350.0	5.90	68.7
2	阿根廷	34 650.0	-1.40	23.7
3	巴拉圭	6 450.0	8.20	4.4
4	玻利维亚	2 250.0	7.00	1.5
5	乌拉圭	1 800.0	2.30	1.2
6	哥伦比亚	300.0	4.40	0.2
7	洪都拉斯	150.0	5.80	0.1
8	智利	15.0	33.70	0.0
9	墨西哥	15.0	-37.50	0.0
	总计	145 980.0	4.10	100.0

信息来源：Agbio Global 数据。

2. 亚太地区

中国优势种子企业在亚太地区的价值作物是杂交水稻、转基因玉米、西甜瓜、辣椒、番茄和部分十字花科蔬菜等品种，出海潜力地区是东南亚、南亚、中亚。中国优势种子企业的大豆品种，出海潜力区域是东北亚和中亚，详见表 2-7。

表 2-7　亚太国家潜力耕地面积列表

地区	国家	耕地面积（万亩）	在该国发展潜力
南亚	印度	233 000.0	中
南亚	巴基斯坦	46 000.0	较高
大洋洲	澳大利亚	46 000.0	较低
中亚	哈萨克斯坦	44 000.0	较高
东南亚	印度尼西亚	39 000.0	较高
西亚	土耳其	29 000.0	中

（续表）

地区	国家	耕地面积（万亩）	在该国发展潜力
东南亚	泰国	25 000.0	较高
西南亚	伊朗	23 000.0	中
东南亚	缅甸	17 000.0	较高
南亚	孟加拉国	12 000.0	较高
中南西亚	阿富汗	12 000.0	中
东南亚	越南	10 000.0	较高

数据来源：世界银行数据（2020）。

3. 非洲和其他地区

中国优势种子企业在非洲地区的价值作物是杂交水稻，转基因玉米、大豆，以及瓜类、辣椒、番茄、十字花科杂交蔬菜品种，中国大豆优势种业企业在非洲有一定发展潜力，详见表2-8。

表2-8 非洲国家潜力耕地面积列表

地区	国家	耕地面积（万亩）	在该国发展潜力
非洲	尼日利亚	52 000.0	较高
非洲	苏丹	31 000.0	较高
非洲	尼日尔	27 000.0	中
非洲	埃塞俄比亚	24 000.0	较高
非洲	坦桑尼亚	20 000.0	较高
非洲	刚果（金）	20 000.0	中
非洲	南非	18 000.0	中
非洲	摩洛哥	11 000.0	中低
非洲	阿尔及利亚	11 000.0	中
非洲	乌干达	10 000.0	中
非洲	马里	10 000.0	中

数据来源：世界银行数据（2020）。

第三章
我国种业市场趋势

近年来，农作物种植需求拉动新优品种快速上量，政策利好促进种业市场快速增长和发展环境持续改善。龙头企业的市场占有率持续提升，在种业发展中的主体地位和创新效能持续增强。

第一节　重点作物种子供大于需

据全国农作物种子供需形势分析会发布的信息，2023年全国春夏播作物种子生产面积稳中有增，杂交玉米和杂交水稻制种面积创历史新高，在部分区域遭遇极端天气影响的情况下实现总产增产（表3-1）。常规水稻、大豆繁种面积和平均单产双提高，马铃薯、棉花、春小麦、春油菜制繁种收获总产较上年持平或略降，秋冬种作物中冬小麦、冬油菜计划制繁种面积稳中有升。

表3-1　2021—2023年重点作物种子供需比变化

年份	杂交水稻	杂交玉米	北方春大豆	南方夏大豆
2021	135%	130%	155%	紧平衡
2022	130%	140%	161%	169%
2023	148%	160%	219%	122%

从2024年种子市场情况看，玉米、杂交水稻等春夏播作物制繁种计划面积和预计库存均处于高位，受农产品价格走势偏弱影响，种子市场除部分紧俏品种外，预期价格整体趋于下降。

第二节 种植需求带动品种分化

对各作物近 3 年推广面积前 30 名品种进行分析，发现玉米、杂交水稻、大豆、油菜近几年品种创新成果较为显著，推广面积较大的品种中有新审品种。更进一步的分析表明，近几年市场需求对品种推广的拉动作用增强，除了高产、稳产、综合抗逆性强等特征外，还新增了农产品品质优、肥效高、适合机械化栽培等特征要求，新审定并能大面积推广的品种均具备这些特征，老品种如果具备这些特征则面积可以保持稳定，如不具备这些特征则面积在逐渐缩减。以品种生命力指数（推广面积与通过审定时间的比值）为衡量标准，以 2022 年推广面积与品种通过审定年数比值作为数据来源进行分析。

一、玉米

（一）推广面积上升期品种分析

表 3-2 为基于品种生命力指数的上升期玉米品种推广及审定情况分析。近几年推广面积迅速上升的新审定品种有 MY73、中玉 303、鲁单 510 及京科 999，快速上升的品种有 NK815、MC812、合玉 29 及联创 839，较快上升的品种有沃玉 3 号、秋乐 368、瑞普 909、先玉 1225。

表 3-2 上升期玉米品种分析

类型	品种	2022 年推广面积（万亩）	审定年限	品种生命力指数	审定年份	选育单位	推广区域
推广面积迅速上升的新审定品种	MY73	368	2	184.00	2020	河南省豫玉种业股份有限公司、河南省彭创农业科技有限公司	黄淮
	中玉 303	229	2	114.50	2020	中国农业科学院作物科学研究所	黄淮
	鲁单 510	229	1	229.00	2021	山东省农业科学院	黄淮
	京科 999	251	2	125.50	2020	北京市农林科学院玉米研究中心、河南省现代种业有限公司	黄淮

（续表）

类型	品种	2022年推广面积（万亩）	审定年限	品种生命力指数	审定年份	选育单位	推广区域
推广面积快速上升的品种	NK815	271	5	54.20	2017	北京市农林科学院玉米研究中心	黄淮
	MC812	269	7	38.43	2015	北京市农林科学院玉米研究中心	东华北晚熟
	合玉29	332	5	66.40	2017	黑龙江省农业科学院佳木斯分院、黑龙江田友种业有限公司	东北中早熟
	联创839	450	5	90.00	2017	北京联创种业有限公司、河南隆平联创农业科技有限公司	黄淮和东华北晚熟
推广面积较快上升的品种	沃玉3号	609	9	67.67	2013	河北沃土种业股份有限公司	西南
	秋乐368	471	5	94.20	2017	河南秋乐种业科技股份有限公司	黄淮和东华北晚熟
	瑞普909	414	5	82.80	2017	山西省农业科学院玉米研究所	东华北晚熟
	先玉1225	254	6	42.33	2016	铁岭先锋种子研究有限公司	东华北中晚熟

分析上述玉米品种的选育单位发现，科研单位选育品种占比较大，接近60%。其中，NK815、MC812、京科999均为北京市农林科学院玉米研究中心选育的品种，中玉303、鲁单510、合玉29和瑞普909分别由中国农业科学院作物科学研究所、山东省农业科学院、黑龙江省农业科学院佳木斯分院和山西省农业科学院玉米研究所选育。

分析上述玉米品种的推广区域发现，黄淮区域市场似乎给新品种留了更大的推广空间。具体来讲，这12个上升期品种多数是黄淮海区域的，其次是东华北晚熟区域的，东北中早熟和西南的也各有1个。审定后迅速大面积推广的这4个品种都是黄淮区域的品种，其余8个品种有东华北晚熟区域的、黄淮区域的，也有东北中早熟区域和西南区域的。另一个现象是头部品种郑单958和先玉335近几年推广面积缩减严重，其主要缩减区域是安徽省、河南省、河北省、山东省等黄淮省份。但这两个现象的因果关系尚不能明确。

（二）头部品种分析

近几年，杂交玉米品种更新换代较快，但头部品种的推广面积占比下降较快，尤其是前10品种的推广面积占比在2021年快速下降近5个百分点，尽管2022年略有回升，但仍然较2020年低近4个百分点（表3-3）。可能的原因是前超级品种郑单958、先玉335等推广面积逐年大幅下降、而新晋头部品种面积远未达到超级品种的推广面积。以郑单958为例，2020年推广面积近2 800万亩，排名第一，到2022年推广面积1 450万亩，下跌近一半，而2022年推广面积排名第一的裕丰303，推广面积仅为1 600多万亩。

表3-3　头部玉米品种分析

年份	Top10推广面积占比（%）	Top20推广面积占比（%）	Top30推广面积占比（%）
2020	18.03	22.66	26.02
2021	13.82	17.71	19.67
2022	14.62	20.31	24.14
3年平均增速（%）	-6.74	-3.59	-2.47

二、杂交水稻

（一）推广面积上升期品种分析

表3-4为基于品种生命力指数的上升期杂交水稻品种推广及审定情况分析。其中，推广面积迅速上升的新审定品种有隆两优8612、荃优1606、玮两优8612、昱香两优馥香占、晶两优8612及昌两优8号，老品种推广面积上升较快的有旱优73。

分析上述品种选育单位发现6个新审定品种均为企业选育（隆平系5个，荃银1个）。分析这6个品种特性发现，6个品种均为杂交籼稻，均为中稻品种，具有氮肥高效、高产稳产、米质优等特征特性。其中父本为华恢8612的品种有3个，可见华恢8612的潜力。旱优73是旱稻，具有抗旱抗倒稳产米质优等特点，在沿淮流域（主要在安徽省和河南省境内部分）推广面积逐年增加。

表 3-4 上升期杂交水稻品种情况分析

类型	品种	2022年推广面积（万亩）	审定年限	品种生命力指数	审定年份	选育单位
推广面积迅速上升的新审定品种	隆两优8612	192.00	3	64.00	2019	袁隆平农业高科技股份有限公司等
	荃优1606	173.00	2	86.50	2020	安徽荃银高科种业股份有限公司（以下简称荃银高科）
	玮两优8612	172.00	2	86.00	2020	袁隆平农业高科技股份有限公司等
	昱香两优馥香占	101.00	1	101.00	2021	广西恒茂农业科技有限公司、袁隆平农业高科技股份有限公司等
	晶两优8612	204.00	1	204.00	2021	袁隆平农业高科技股份有限公司等
	昌两优8号	158.00	3	52.67	2019	广西恒茂农业科技有限公司
推广面积较快上升的品种	旱优73	105.00	8	13.13	2014	上海市农业生物基因中心、上海天谷生物科技股份有限公司

（二）头部品种分析

杂交水稻品种近几年更新换代较快，且头部品种集中度也保持了稳中有升的态势（表 3-5）。

表 3-5 头部杂交水稻品种分析

年份	Top10推广面积占比（%）	Top20推广面积占比（%）	Top30推广面积占比（%）
2020	13.73	20.79	25.54
2021	13.69	21.35	26.61
2022	13.65	21.44	26.31
3年平均增速（%）	-0.20	1.03	0.99

三、小麦

（一）推广面积上升期品种分析

表 3-6 为基于品种生命力指数的上升期小麦品种推广及审定情况分析。新审定品种推广面积迅速上升的有马兰1号，老品种推广面积上升

较快的有周麦 36 号。马兰 1 号的选育单位为河北大地种业有限公司及石家庄市农林科学研究院等，为 2021 年审定品种，审定当年示范性推广了 10 余万亩，2022 年就推广 376 万亩，成为河北省第一大冬小麦品种。据选育单位官网介绍，马兰 1 号具有高产、水肥高效、耐旱、抗寒等特性。周麦 36 号的选育单位为周口市农业科学院，于 2018 年通过审定，当年示范性推广，之后面积快速上升，主要在河南省推广，2022 年为河南省第 5 大、全国第 7 大冬小麦品种。

表 3-6　上升期小麦品种情况分析

类型	品种	2022 年推广面积（万亩）	审定年限	品种生命力指数	审定年份	选育单位
推广面积迅速上升的新审定品种	马兰 1 号	376.00	1	376.00	2021	河北大地种业有限公司、石家庄市农林科学研究院、辛集市马兰农场
推广面积较快上升的品种	周麦 36 号	632.00	4	158.00	2018	周口市农业科学院

（二）头部品种分析

小麦头部品种推广面积占比略有下降，但整体减幅很小，基本保持稳定（表 3-7）。

表 3-7　头部小麦品种分析

年份	Top10 推广面积占比（%）	Top20 推广面积占比（%）	Top30 推广面积占比（%）
2020	24.61	36.37	43.64
2021	23.70	35.90	43.03
2022	23.49	34.54	42.44
3 年平均增速（%）	-1.54	-1.71	-0.93

四、大豆

（一）推广面积上升期品种分析

表 3-8 为基于品种生命力指数的上升期大豆品种推广及审定情况分析。新审定品种推广面积迅速上升的有黑农 531、东生 19、东生 17、克

豆 44、佳豆 33，近几年推广面积快速上升的品种有东农 60、中黄 301，老品种推广面积上升较快的有金源 73。

表 3-8 上升期大豆品种情况分析

类型	品种	2022 年推广面积（万亩）	审定年限	品种生命力指数	审定年份	选育单位
推广面积迅速上升的新审定品种	黑农 531	166.00	1	166.00	2021	黑龙江省农业科学院大豆研究所
	东生 19	188.00	1	188.00	2021	中国科学院东北地理与农业生态研究所农业技术中心
	东生 17	180.00	1	180.00	2021	中国科学院东北地理与农业生态研究所农业技术中心
	克豆 44	162.00	2	81.00	2020	黑龙江省农业科学院克山分院
	佳豆 33	74.00	2	37.00	2020	黑龙江省农业科学院佳木斯分院、黑龙江省广民种业有限责任公司
推广面积快速上升的品种	东农 60	68.00	9	7.56	2013	东北农业大学
	中黄 301	68.00	5	13.60	2017	中国农业科学院作物科学研究所
推广面积较快上升的新审定品种	金源 73	86.00	1	86.00	2021	黑龙江省农业科学院黑河分院

分析上升期大豆品种的选育单位可知，上述大豆品种全都是科研单位及高校选育的品种。其中，黑龙江省农业科学院成绩显著，选育了黑农 531、克豆 44、佳豆 33、金源 73 等 4 个品种，在大豆育种领域占据了领先地位。其余上升期大豆品种则分别来自中国科学院东北地理与农业生态研究所农业技术中心、东北农业大学、中国农业科学院作物科学研究所等单位。从品种推广区域来看，上述品种除中黄 301 以外的 7 个品种均适于东北春大豆区，其中黑农 531、东生 19、东生 17、克豆 44、佳豆 33、东农 60 等 6 个品种都在黑龙江省推广，金源 73 在黑龙江省和内蒙古自治区推广，中黄 301 主要在河南省和安徽省夏大豆区推广。从品种特征特性看，上述品种主要优点为高产，个别品种具有高油、高蛋白的特征。

（二）头部品种分析

大豆头部品种推广面积占比在逐年下降（表 3-9），原因是第一大品种黑河 43 近几年推广面积持续减少。

表 3-9　头部大豆品种分析

年份	Top10 推广面积占比（%）	Top20 推广面积占比（%）	Top30 推广面积占比（%）
2020	23.2	32.32	38.22
2021	22.0	31.30	37.87
2022	19.82	28.86	34.60
3 年平均增速（%）	-5.13	-3.71	-3.26

五、油菜

（一）推广面积上升期品种分析

表 3-10 为基于品种生命力指数的上升期油菜品种推广及审定情况分析。新审定品种推广面积迅速上升的有油研 2020、黔油 32，老品种推广面积上升较快的有金香油 11 号。油研 2020 是高油品种，主要在贵州省推广，推广第一年就成为贵州省第一大品种；黔油 32 只在贵州省推广，推广第二年成为贵州第三大品种，根据网络信息，黔油 32 属于综合竞争力较强的品种；金香油 11 号只在湖南省推广，综合性竞争力强，自 2019 年以来推广面积稳步上升，进入湖南省前 10 大品种榜单。上述 3 个品种均由贵州省油菜研究所进行选育。

表 3-10　上升期油菜品种情况分析

类型	品种	2022 年推广面积（万亩）	审定年限	品种生命力指数	审定年份	选育单位
推广面积迅速上升的新审定品种	油研 2020	166.00	1	166.00	2021	贵州省油菜研究所、贵州禾睦福种子有限公司
	黔油 32	188.00	1	188.00	2019	贵州省油菜研究所
推广面积较快上升的新审定品种	金香油 11 号	86.00	1	86.00	2013	贵州省油菜研究所、湖南湘穗种业有限责任公司

（二）头部品种分析

头部品种的推广面积占比先快速降低，后缓慢回升（表 3-11）。分析具体数据发现，头部品种的推广面积实际也在增加，只是增速没有推广总面积快。

表 3-11 头部油菜品种分析

年份	Top10 推广面积占比（%）	Top20 推广面积占比（%）	Top30 推广面积占比（%）
2020	17.70	26.49	33.37
2021	13.25	19.99	24.77
2022	14.39	21.47	26.47
3 年平均增速（%）	-6.67	-6.76	-7.44

第三节　种子市场价值加速增长

近 5 年来我国农作物种子总市值[①]逐年增加，且增速逐年增快。2023 年种子市场规模为 1 563 亿元，比 2022 年增长 18.23%，比 2021 年增长 22.01%（图 3-1）。

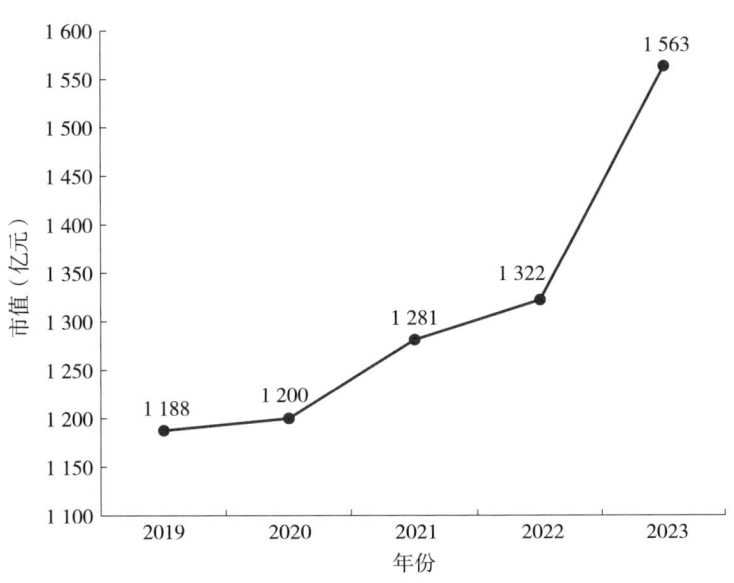

图 3-1　2019—2023 年全国种子总市值变动情况

---

① 市值是全国商品种子使用量与市场加权平均价格的乘积，数据来自历年《中国农作物种业发展报告》。

分作物看，近 5 年杂交玉米的种子市值仅在 2020 年略有下降，之后一路快速增加（图 3-2）。尤其 2023 年市值达到 473 亿元，较 2022 年增长 25.46%。分析发现，这是由于近 5 年玉米种植面积与市场价格双提升。

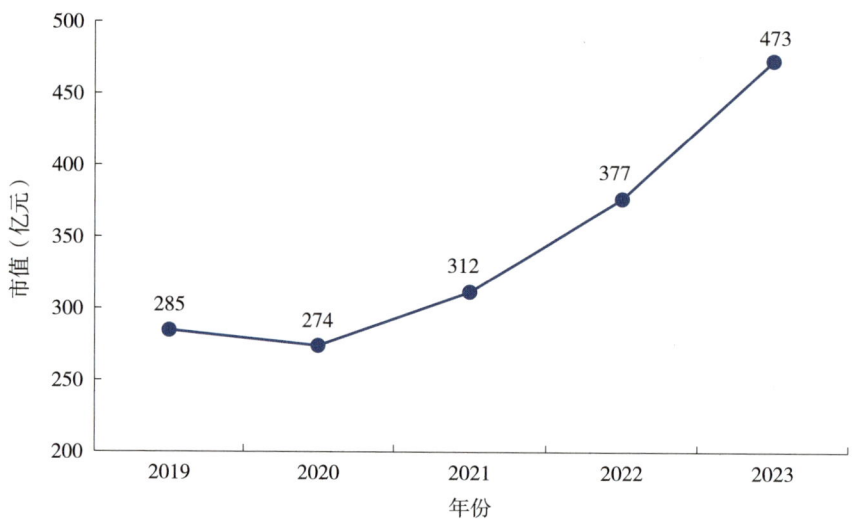

图 3-2　2019—2023 年杂交玉米种子市值变动情况

杂交水稻的种子市值也逐年上升（图 3-3），呈"先急后缓"趋势，2023 年杂交水稻市值为 184 亿元，较 2022 年增长 3.37%。杂交水稻用种面积从 2.1 亿亩缓慢增加至 2.3 亿亩，种子价格从 60 元/千克震荡上涨至 68 元/千克。

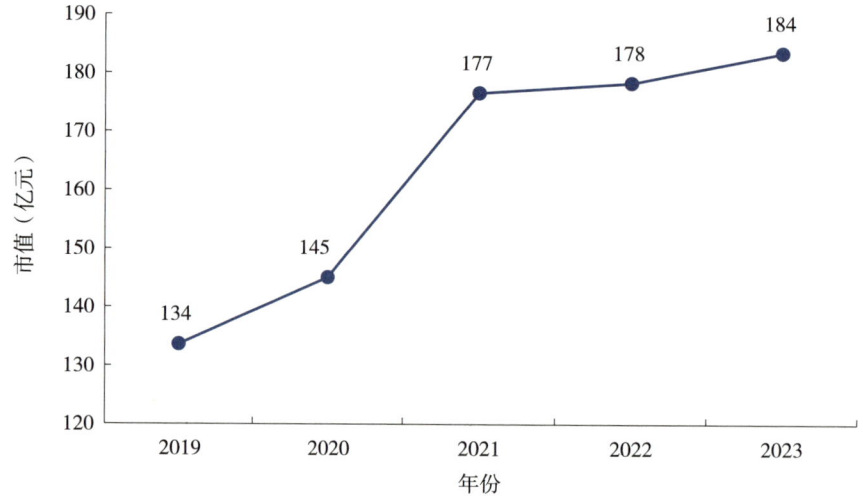

图 3-3　2019—2023 年杂交水稻种子市值变动情况

大豆种子市值先稳定后急速上升（图3-4），2023年大豆种子市值达到63亿元，较2022年上升16.67%。大豆用种面积从2019年的1.4亿亩先下降后缓慢增加至2023年的1.6亿亩，商品种子用量先下降后上升，由2019年的5.7亿千克下降至2021年的5.1亿千克，又增加至2023年的5.9亿千克。种子价格从2019年的7.5元/千克上涨至10.7元/千克（在2019年之前，大豆种子价格多年稳定在8元/千克上下），面积与价格一起上涨引起了市值的变动。

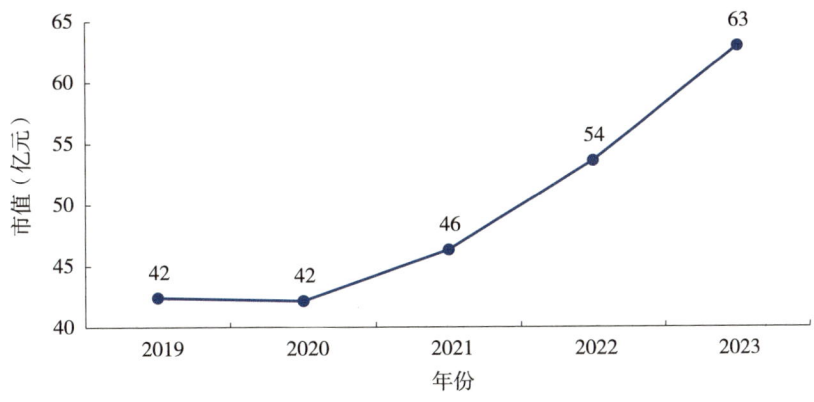

图3-4　2019—2023年大豆种子市值变动情况

2019—2022年小麦种子市值一直稳定在165亿元上下，2023年急速增加至245亿元，较2022年增长52.17%（图3-5）。2023年小麦繁种收获期间遭遇罕见"烂场雨"，导致农户自留种率降低，商品种子用量和价格一起上涨，所以种子市值大幅增长。

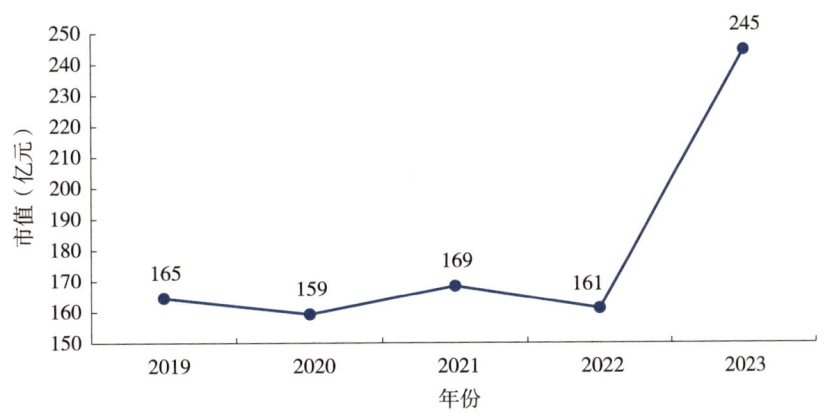

图3-5　2019—2023年小麦种子市值变动情况

第四节　龙头企业引领市场集中

一、龙头企业市场占有率快速提升

分析头部企业市场占有率（头部企业种子销售额之和÷所有企业种子销售额之和，以下简称 CR，CR5 为前 5 企业市场占有率，以此类推）发现，近 3 年头部企业集中度在逐年增加，越靠前的企业集中度增速越快。截至 2023 年年底，共有实际开展经营活动的种子企业 8721 家，CR5 达到 12.4%，较 2022 年提高 1.3 个百分点，较 2021 年提高 1.5 个百分点；CR10 达到 16.7%，较 2022 年提高 1.4 个百分点，较 2021 年提高 1.5 个百分点；CR50 为 30.3%，较 2022 年提高 2.0 个百分点，较 2021 年提高 1.7 个百分点。详见图 3-6。

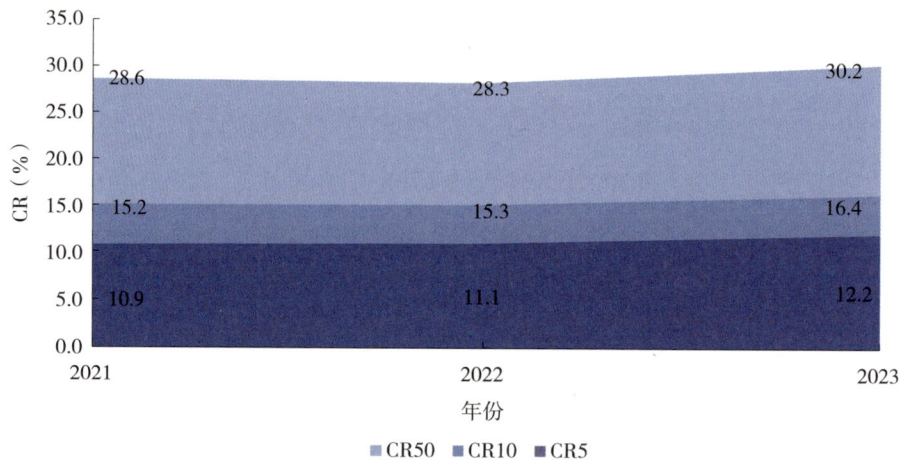

图 3-6　2021—2023 年头部企业市场集中度变化情况

单独分析商品种子销售情况，发现除常规水稻和油菜外，经营主要作物企业 CR10 近 3 年均在增加，3 年平均增速以玉米最快，达到 7.7%，玉米种子总销售额的 3 年平均增速最快，达到 15.8%。各作物种子总销售额和 CR10 的 3 年平均增速见图 3-7。

第三章 我国种业市场趋势

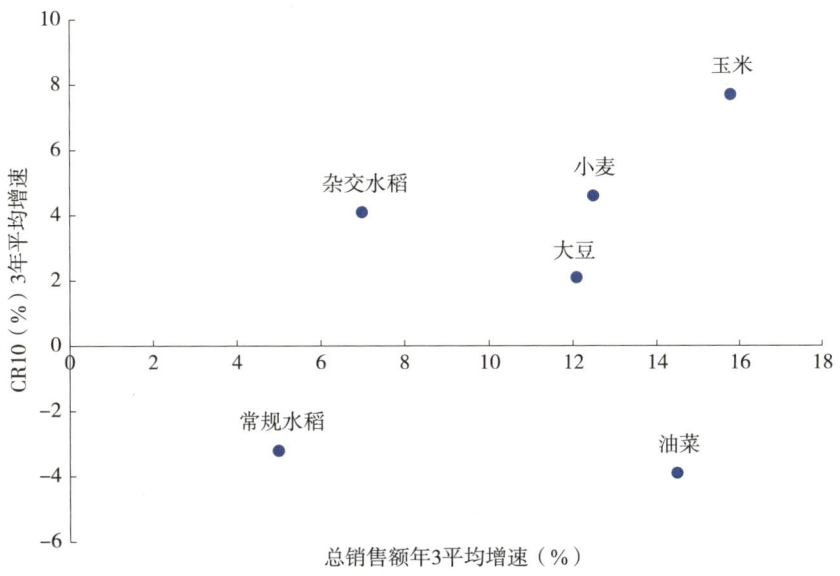

图 3-7　主要作物种子总销售额和 CR10 的 3 年平均增速

二、分作物龙头企业集中度分析

（一）杂交水稻头部企业持续做强

杂交水稻商品种子市场体量在逐年增加，近 3 年种子销售额平均增速接近 8%。CR10、CR20、CR30 均在上涨，且 CR10 的 3 年平均增速略大于 CR20 和 CR30（图 3-8）。

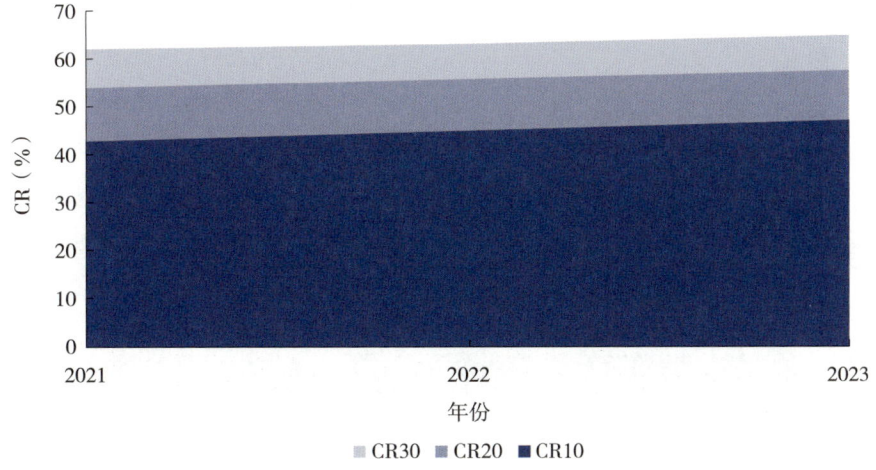

图 3-8　2021—2023 年杂交水稻头部企业占有率变化情况

（二）常规水稻龙头企业发展平缓

常规水稻种子市场体量逐年缓慢增加，种子销售额近3年平均增速接近5%。头部企业市场份额整体处于下跌趋势，2022年较2021年明显下跌，2023年较2022年稳定或者缓慢下跌（图3-9）。

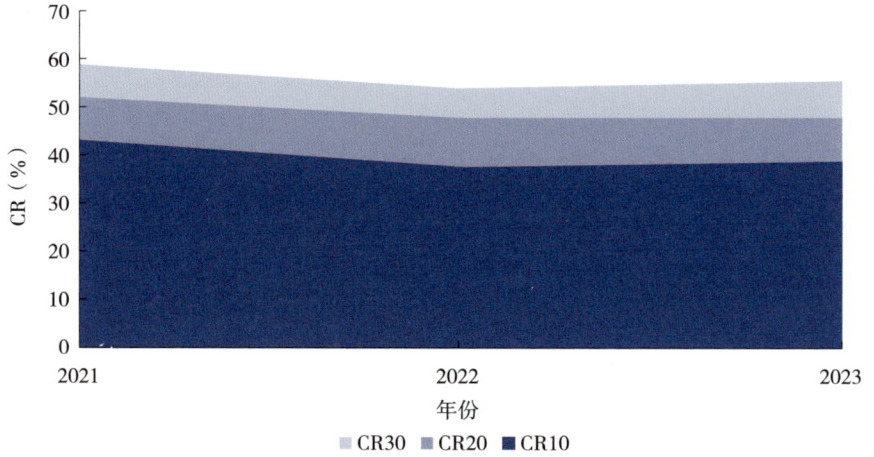

图3-9　2021—2023年常规水稻头部企业占有率变化情况

（三）玉米龙头企业持续做强

玉米种子市场体量逐年快速增加，种子销售额近3年平均增速接近16%。头部企业市场份额同样以较大幅度增加，其中CR10的3年平均增速最快，达到7.7%，快于CR20，CR20又快于CR30（图3-10）。

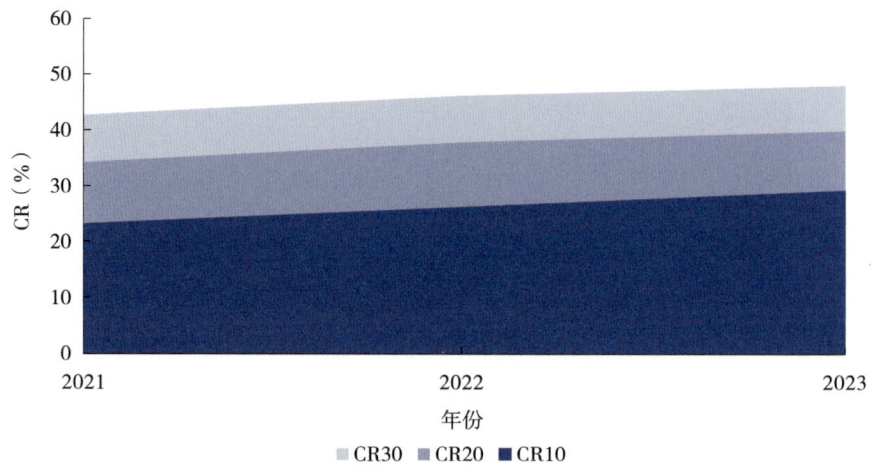

图3-10　2021—2023年玉米头部企业占有率变化情况

（四）小麦龙头企业稳步发展

小麦种子（含冬小麦和春小麦）市场体量近 3 年以较快速度增加，种子销售额 3 年平均增速 12% 以上。头部企业市场份额 2021—2022 年基本稳定，在 2023 年有小幅增加（图 3-11）。

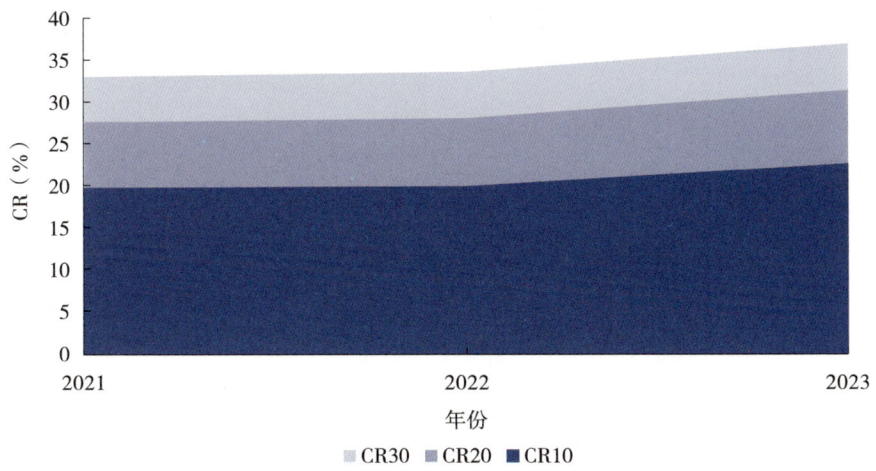

图 3-11　2021—2023 年小麦头部企业占有率变化情况

（五）大豆龙头企业平稳发展

近 3 年，大豆种子市场体量逐年大幅增加，种子销售额 3 年平均增速 12% 以上。由于大豆头部企业市场占有率本身较高，CR20 就已经在 50% 以上，新增市场主要是因为播种面积增加，新增面积多样的品种需求导致大企业经典产品渗透较慢，因此头部企业市场占有率增长乏力，增速缓慢（图 3-12）。

（六）油菜龙头企业持续做强

近 3 年，油菜种子销售额逐年快速增加，3 年平均增速 15%。头部企业市场份额缓慢下降（图 3-13）。

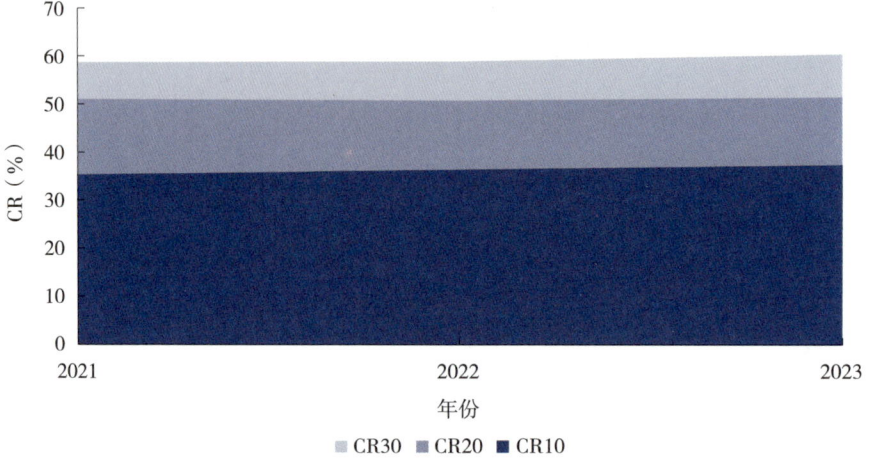

图 3-12　2021—2023 年大豆头部企业占有率变化情况

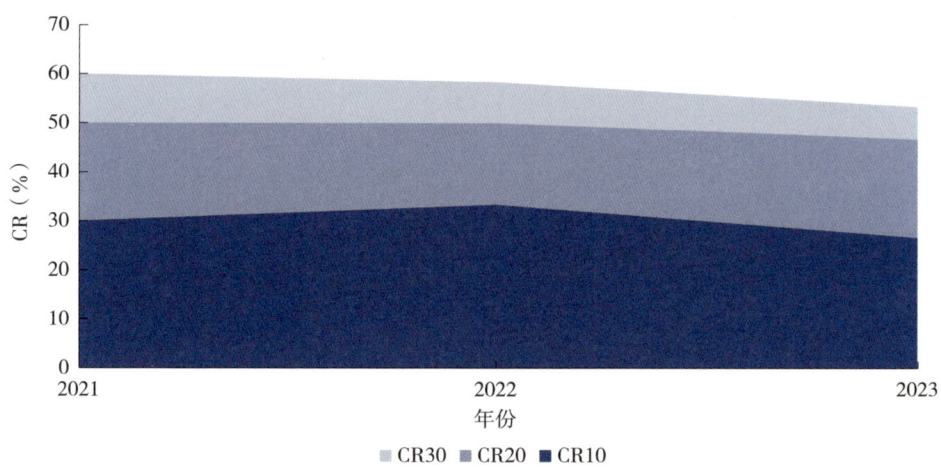

图 3-13　2021—2023 年油菜头部企业占有率变化情况

三、各类资本积极推进种业整合创新

（一）央企资本

经查询涉农中央企业投资相关工商信息（表 3-12），发现通过加强种业企业的并购和整合，国内涉农中央企业育种创新及供种保障的核心作用更加凸显。

表 3-12 2021—2023 年种业中央资本主要投资动作

企业名称	2021 年	2022 年	2023 年
中国中化控股有限公司旗下先正达集团中国	控股安徽江淮园艺种业股份有限公司	收购新疆金丰源种业有限公司	收购河北新纪元种业有限公司
中信农业科技股份有限公司及旗下隆平高科	—	增持天津德瑞特种业有限公司、广西恒茂农业科技有限公司	收购福建科力种业有限公司、发起设立北京国丰生科生物科技有限公司、海南芯玉科技有限公司
国家开发投资集团有限公司及旗下国投种业	参股隆平生物、北京大北农生物技术有限公司	成为杭州瑞丰第一大股东，发起设立粮元生物	成为合肥丰乐种业股份有限公司控股股东，发起设立北京国丰生科生物科技有限公司，成为隆平生物第一大股东
中国农业发展集团有限公司及旗下中农发种业集团股份有限公司	收购甘肃兴达种业有限公司	—	收购安徽华成种业股份有限公司

（二）地方国资

根据工商登记信息[①]，目前已有 12 个省（自治区、直辖市）成立种业集团，分别是河北省、江苏省、浙江省、山东省、河南省、广东省、广西壮族自治区、重庆市、四川省、贵州省、陕西省和宁夏回族自治区。除山东省、广西壮族自治区、贵州省外，其他省（自治区、直辖市）种业集团都是 2020 年之后新成立的。从经营模式来看，大致分为 3 类。第一类是以种子为核心，整合资源服务，包括从种子到农产品加工销售全产业链，山东省、四川省、河北省、广西壮族自治区等都是此类型。由于这一类型种业集团是全产业链布局，因此可以快速高效协同产业链上下游，通过提升下游农产品品牌效益带动整个种植产业高效发展。随着这些省级集团做大，种业甚至农资、农服市场结构会随之出现改变，传统的农资分销商、小型农服提供商的市场占有率将大幅下降，厂家直销或者"产品＋整套解决方案"的种植服务模式会更加适应市场需要。第二类省级种业集团是给传统种业提供服务，如广东省种业集团有限公司为种子公司提供资本运作、成果转化和大数据服务；浙江省种业集团有

---

① 数据来源于天眼查 App。

限公司投资生物育种，为传统种子公司提供科技服务；河南省现代种业发展基金提供金融服务。这一类省级集团会提高域内传统种子企业的市场竞争力，但不会对当前种业市场格局有直接影响。第三类是原有涉种或涉农公司重组成立的省级种业集团，如江苏省、重庆市等。

（三）并购及融资事件

2022 年以来，我国股权投资市场进入调整发展阶段，据清科资本统计，2022 年、2023 年前三季度中国股权投资市场募资规模同比下降 2.3%、20.2%，投资规模同比下降 36.2%、31.8%，呈现下降趋势；出资主体方面，政府引导基金、产业资本成为我国股权投资市场最主要出资方。自 2021 年种业振兴行动计划实施以来，传统的育繁推种子企业，以及围绕种业研发的生物技术与数字化企业兼并重组及融资活动逆势保持较高活跃度。表 3-13 所示为 2023 年种业行业的主要并购事件。

表 3-13　2023 年并购事件概况

	投资主体	首次披露时间	投资对象	业务	交易金额（万元）
1	袁隆平农业高科技股份有限公司	2023-02-28	福建科力种业有限公司，51.00% 股权	水稻种子	3 117.08
2	国投种业科技有限公司	2023-03-15	合肥丰乐种业股份有限公司，20.00% 股权	玉米、水稻、蔬菜种子	109 417.47
3	安徽荃银高科种业股份有限公司	2023-04-25	河北新纪元种业有限公司，67.90% 股权	玉米种子	22 407.00
4	绿亨科技集团股份有限公司	2023-06-16	酒泉庆和农业开发有限公司，70.00% 股权	蔬菜、玉米、牧草及花卉种子	5 623.00
5	袁隆平农业高科技股份有限公司	2023-07-31	隆平农业发展股份有限公司，7.14% 股权	南美玉米种子	80 098.00
6	袁隆平农业高科技股份有限公司	2023-09-13	隆平农业发展股份有限公司，6.5315% 股份	南美玉米种子	76 131.07
7	中农发种业集团股份有限公司	2023-11-07	安徽华成种业股份有限公司，18.39% 股权	小麦、大豆、玉米、水稻种子	1 288.12
8	北京创种科技有限公司	2023-08-31	吉林省宏泽现代农业有限公司，51.00% 股权	玉米、高粱种子	7 650.00
9	北京创种科技有限公司	—	四川金色绿丹种业有限公司，51.00% 股权	水稻、油菜种子	—

(续表)

	投资主体	首次披露时间	投资对象	业务	交易金额（万元）
10	北京创种科技有限公司	—	内蒙古蒙龙种业科技有限公司，23.00% 股权	玉米、高粱、谷子种子	—
11	酒泉钢铁（集团）有限责任公司	2023-11-10	甘肃省敦煌种业集团股份有限公司（以下简称敦煌种业），11.03% 股权	玉米种子	无偿划转

2023年，隆平高科收购隆平发展股权实现控股，加速了种业全球化布局的脚步，北京创种科技有限公司（以下简称创种科技）将多家区域优势企业收入麾下，荃银高科、中农发种业围绕特定区域、作物品类均有布局。国家开发投资集团有限公司发起设立国投种业，注册资本40亿元，旗下基金近年来投资了大北农生物、杭州瑞丰、粮元生物、隆平生物、国丰生科，完成了国内生物育种核心企业的投资覆盖，并通过控股合肥丰乐种业股份有限公司进入种业育繁推领域。

据公开资料，2023年7家种子企业、9家种业创新企业获得融资（表3-14，表3-15）。从投资主体来看，呈现出两大特点，一是国有资本投资种子企业及种业创新企业的比例较高，国有资本在国家粮食安全和农业现代化中扮演着重要角色，具有较强的抗风险能力和稳定性，能够在市场波动和外部环境变化时提供稳定的保障。二是早期获得融资的种业创新企业也加入了资源整合大军，一类为生物技术企业加育繁推企业的模式，有利于生物技术商业化应用的外部成本内化，另一类为生物技术企业投资生物技术领域企业，通过技术融合和能力快速组装来提升作物育种的效率和效果。

表3-14　2023年种子企业融资事件

	融资主体	披露/公告日期	投资机构	业务	融资金额（万元）
1	陕西大唐种业股份有限公司	2023-02-07	铜川市产业投资集团有限责任公司	小麦、玉米种子	1 500.00
2	河南金博士种业股份有限公司	2023-03-09	杭州瑞丰生物科技有限公司	玉米种子	1 100.00
3	安徽皖垦种业股份有限公司	2023-04-21	安徽国元资本有限责任公司	小麦种子	1 005.96

（续表）

	融资主体	披露/公告日期	投资机构	业务	融资金额（万元）
4	西科农业集团股份有限公司	2023-05-23	湖南省农业科学院、邓华凤等8名投资者	水稻、玉米种子	4 306.67
5	国投种业科技有限公司	2023-09-26	国家开发投资集团有限公司	主要农作物种子生产经营	400 000.00
6	河南技丰种业集团有限公司	2023-05-06	河南省现代种业发展基金合伙企业（有限合伙）	主要农作物种子生产经营	—
		2023-07-21	河南农投二号振兴种业发展基金合伙企业（有限合伙）		—
		2023-12-28	河南技君库农业技术合伙企业（有限合伙）等		—
7	青岛金妈妈种业科技有限公司	2023-05-24	青岛青创才赋股权投资合伙企业（有限合伙）、青岛青创汇金投资合伙企业（有限合伙）	蔬菜种子	—

表 3-15 2023 年种业创新企业融资事件

	融资主体	披露/公告日期	投资机构	业务	成立时间
1	柒彩蔬芯（北京）科技有限公司	2023-02-27	新疆嘉信基金管理有限公司等	保护地设施蔬菜水果和能源作物新品种开发	2022年6月
2	北京迈泽裕丰生物科技有限责任公司	2023-03-06	南京浦信现代农业发展产业投资基金合伙企业（有限合伙）	玉米育种技术研发	—
3	山东舜丰生物科技有限公司	2023-01-29	山东济高地纬华宸动能创业投资合伙企业（有限合伙）	基因编辑	—
		2023-02-10	济南生科企业管理咨询服务合伙企业（有限合伙）、珠海景润百欣管理咨询合伙企业（有限合伙）		
		2023-04-03	IDG资本		
4	石家庄博瑞迪生物技术有限公司	2023-02-21	万物资本等	动植物分子检测、育种相关技术开发与应用	2017年4月
		2023-06-19	苏州道彤腾辉创业投资企业（有限合伙）等		
5	苏州齐禾生科生物科技有限公司	2023-04-20	辰德资本等	生物技术	2021年9月

（续表）

	融资主体	披露/公告日期	投资机构	业务	成立时间
6	未米生物科技（常州）有限公司	2023-04-25	厚新健投	生物技术	2017年7月
7	天津极智生物科技有限公司	2023-06-19	烟台顺达胜房地产信息服务有限公司	基因科技服务和智慧育种技术开发	2021年1月
8	武汉双绿源创芯科技研究院有限公司	2023-08-19	隆平生物	生物技术	2017年12月
9	海南隆玉高科技有限公司	2023-10-10	华颂种业股份有限公司	玉米、马铃薯品种研发，种子经营	2023年1月

第五节 市场环境持续净化改善

一、制度建设取得实质进展

种子法（2021年修正版）引入实质性派生品种（EDV）制度，这是我国种业知识产权保护方面的一项重大制度性突破。国家育种联合攻关组制定EDV制度实施规范，并于2023年在水稻、小麦、玉米、大豆四大作物育种联合攻关项目中实行EDV制度试点，参与四大作物育种攻关的科研院校和企业率先施行EDV制度，激励四大作物育种原始创新，同时也为全面实施EDV制度积累经验。农业农村部按照种子法（2021年修正版）要求，推动《植物新品种保护条例》修订工作，2023年已完成向社会征求意见，正在按程序报审。根据相关资料，新修订的《植物新品种保护条例》建立实质性派生品种（EDV）制度，限制修饰性育种的商业行为，鼓励原始创新；拓展品种权的保护范围，将保护链条延伸至植物生产、繁殖、销售涉及的全过程；延长保护期限，将藤本或者木本植物保护期限由20年延长至25年，其他植物由15年延长至20年。同时，新修订的《植物新品种保护条例》还提出一系列提高植物新品种权审查质量和效率的措施，也加大了监管力度。

种子认证制度建立是种业行业制度建设的另一重大事件。2023年，农业农村部联合国家市场监督管理总局印发《关于开展农作物种子认证工作的实施意见》和《农作物种子认证目录（第一批）》《农作物种子认证实施规则（试行）》《农作物种子认证技术规范（试行）》等配套文件，启动实施农作物种子认证制度。在甘肃省、内蒙古自治区、四川省等国家级制种基地试行开展种子认证，产出了一批高质量种子。

二、种业市场环境进一步优化

（一）全国统一大市场建设取得进展

全国统一大市场是指在全国范围内，建设一个市场的基础制度规则统一，市场的设施高标准联通，要素、资源市场以及商品和服务市场高水平统一，同时市场的监管要公平统一，不当市场竞争和市场干预行为进一步规范的大市场。全国统一大市场的建设对于种子企业公平竞争、优良品种跨省推广有重要意义。

2022年4月《中共中央　国务院关于加快建设全国统一大市场的意见》发布，提出："加快建立全国统一的市场制度规则，打破地方保护和市场分割，打通制约经济循环的关键堵点，促进商品要素资源在更大范围内畅通流动，加快建设高效规范、公平竞争、充分开放的全国统一大市场"。2023年5月，国务院常务会议研究了落实建设全国统一大市场部署总体工作方案和近期举措。2023年12月国务院常务会议对建设全国统一大市场进行再动员、再部署。2024年3月，《2024年国务院政府工作报告》中提到，出台建设全国统一大市场总体工作方案，清理一批妨碍公平竞争的政策规定。2024年将继续加快全国统一大市场建设。制定全国统一大市场建设标准指引。着力推动产权保护、市场准入、公平竞争、社会信用等方面制度规则统一。深化要素市场化配置综合改革试点。出台公平竞争审查行政法规，完善重点领域、新兴领域、涉外领域监管规则。专项治理地方保护、市场分割、招商引资不当竞争等突出问题，加强对招投标市场的规范和管理。据国家发展改革委信息，《社会信用建设法》《公平竞争审查条例》等有助于进一步完善统一市场基础制度的法律法规正在制定过程中。

（二）植物新品种保护持续加强

2024年9月27—29日，第二届种业知识产权保护与运用推进行动在江苏省徐州市举办，会上发布了系列典型案例。

1. 玉米"登海605"品种权侵权纠纷案

山东某种业股份有限公司因河南某农业科技有限公司、刘某侵害"登海605"品种权向河南省郑州市中级人民法院提起诉讼。2021年河南省郑州市中级人民法院认为，侵权行为系刘某个人行为，不支持其要求农业科技有限公司停止侵权的主张，酌情判决刘某赔偿经济损失6万元和1万元合理支出。原告不服，向最高人民法院提起上诉。2022年最高人民法院认为，刘某为河南某农业科技有限公司实际控制人，构成共同侵权，且侵权情节恶劣，适用惩罚性赔偿，判决刘某、河南某农业科技有限公司连带承担赔偿及维权合理开支60万元。本案重点阐释了实际控制人与法人构成共同侵权并应承担连带赔偿责任的问题，强化对侵权企业实际控制人的法律责任追究，侵权行为情节恶劣的施以三倍惩罚性赔偿，切实提高侵权代价，有力促进净化种业市场环境。

2. 玉米"利合328"品种权侵权纠纷案

恒基利某种业有限公司因内蒙古瑞某种业有限公司等侵害"利合328"品种权向内蒙古自治区呼和浩特市中级人民法院提起诉讼。2021年内蒙古自治区呼和浩特市中级人民法院判决被告赔偿损失及维权的合理开支合计20万元。原被告均不服，向最高人民法院提起上诉。最高人民法院对权利人的赔偿请求予以全额支持，判决被告赔偿经济损失及维权合理开支共计100万元。本案明确了对于明知特定亲本组合系用于生产授权杂交种仍予以销售的，属于帮助他人实施侵害杂交种品种权的行为，应当承担侵权连带责任。判决向前延伸了杂交种品种权的维权环节，体现了全链条保护植物新品种权、切实加大保护力度的司法态度。

3. 辣椒"奥黛丽"品种权侵权纠纷案

某种苗北京公司因赤峰某农业科技公司和盘山县某农资经销店侵害

品种权纠纷向内蒙古自治区呼和浩特市中级人民法院提起诉讼。2021年内蒙古自治区呼和浩特市中级人民法院判决二被告赔偿损失及合理开支20万元。原被告均不服，向最高人民法院提起上诉。2023年最高人民法院将双方在协议中约定的200万元作为确定赔偿数额的重要参考，判决赤峰某农业科技公司赔偿损失200万元，合理开支1万元，盘山县某农资经销店对上述损失及合理开支中的20万元承担连带责任。本案明确侵权人与品种权人就未来可能发生的侵权的损害赔偿达成事前约定，在后续侵权纠纷中可以作为确定侵权赔偿数额的重要参考。这一裁判规则，不仅有利于破解侵权赔偿举证难题，切实加大对权利人合法权益的保护，而且有利于促进种子企业诚信经营和善意履约。

4. 西葫芦"鲁葫1号"品种更名复审案

2022年请求人山东某蔬菜种业集团有限公司向农业农村部植物新品种复审委员会请求对"鲁葫1号"进行品种更名，理由主要是该品种名称与同类注册商标近似，品种名称涉及商标侵权。2023年复审委员会经审理驳回请求人的更名请求。本案作为复审典型案例，明确了品种名称使用在先，且早于相关商标注册时间成为该植物品种的通用名称，不会构成商标侵权，为权利人规范使用品种名称提供了指引。

5. 大豆"浙鲜9号"驳回品种权申请复审案

2021年某省农业科学院以在抗性上具备特异性为由，向农业农村部植物新品种复审委员会提出撤销"浙鲜9号"品种权申请驳回决定的复审请求。2023年复审委员会认为，请求人举证期间未提交能够支持存在抗性的证据，维持驳回"浙鲜9号"品种权申请的决定。本案作为复审典型案例，进一步明确了复审请求人应尽的举证义务。申请人主张品种具备测试标准未涵盖的特异性状的，应当在指定期限内提供证据予以证明，逾期未提供的将视为复审理由不成立。

第四章
种业现代产业链发展进程

2023年，我国种业现代产业链的研育繁推环节稳步发展，尤其在基础及应用研究方面突破显著。但面向种业高质量发展，仍存在创新成果产业化不足的问题，良种良法支撑粮食安全和重要农产品供给作用有待进一步加强。

第一节　资源收集鉴定成效显著

2023年我国在种质资源收集、保护和利用方面取得了显著进展，完成了大规模普查与收集工作，建立了完善的种质资源保存体系，并在政策支持和地方实践中不断推进种质资源有效利用。

一、普查与收集

第三次全国农作物种质资源普查与收集行动圆满收官，覆盖了全国2 323个农业县（市、区、旗、团场）、62.5万个行政村，新收集农作物种质资源13.9万份。其中新收集水稻资源5 000多份，小麦资源2 500多份，玉米资源6 500多份，大豆资源9 000多份，这些资源对培育高产、优质、多抗的农作物新品种具有重要的价值。围绕种质资源收集保护，我国已建成国际一流的国家作物种质资源库，保存能力达到150万份。国家级种质资源库（圃、场）达到318个。

二、鉴定与利用

高通量测序技术被广泛应用于种质资源的精准鉴定中，通过构建DNA分子指纹图谱库，深度发掘优异种质和优异基因，提高了种质资源利用效率。目前，已经有60种作物开展了种质资源的精准鉴定，标明了所包含的各种特性，育种家们可以利用这样的信息，选用更符合自己需求的种质资源，培育更好的新品种。

三、引进中转基地建设

海南省政府明确三亚市负责建设全球动植物种质资源引进中转基地，并成立了中转基地领导小组、指挥部以及工作专班，在崖州湾科技城管理局集中驻点办公。该基地位于月亮岛上，项目总投资37 199.39万元，总建筑面积3.06万平方米，主要包括动植物隔离检疫中心、植物隔离苗圃、污水处理站及配套室外工程等。自中转基地建设以来，已引进包括大豆、玉米、马铃薯等在内的400余批次优质种质资源。此外，三亚市还利用中转基地的便利条件，支持科研院校和大型种业龙头企业积极从全球引入优质种源，深化鉴定应用的研究。

第二节 基础研究创新快速增长

2023年，我国科学家在农作物遗传育种基础研究方面取得显著进展。据初步统计，2023年内共发表论文3.13万篇，占全球总数的1/3，较2022年增加10.7%。在所有国家中，中国是发表论文数量最多的国家[①]，美国第二，印度第三。其中影响因子4.0以上的论文1 693篇，较2022年增加29.5%；占所有国家作者发表的4.0以上论文数量的46%，较2022年增加2个百分点；影响因子高于10的论文628篇，较2022年减少16篇；发表在三大顶刊（*NATURE*、*CELL*、*SCIENCE*）16篇，较2022年减少18篇；影响因子30以上的顶刊子刊（*CELL RESEARCH*、*NATURE BIOTECHNOLOGY*、*NATURE GENETICS*）22篇，较2022年增加6篇。顶刊论文的主题仍聚集在作物重要性状的分子基础解析、基因组研究、植物抗性免疫机理、内源基因精准编辑等方面。从论文发表单位（所有作者单位

---

① 论文的任一作者的地址来自中国即算是中国作者发表的论文，其他国家统计规则也是如此。

合并统计）统计发现，中国科学院、中国农业科学院、华中农业大学等科研单位及高校，在农作物育种基础研究发展中发挥了关键作用（图4-1）。

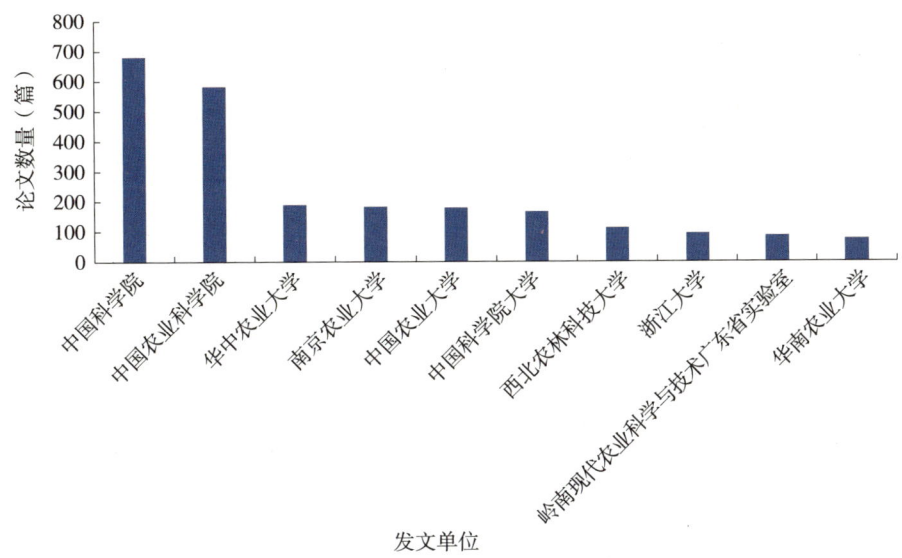

图4-1　高影响论文发文数量前10机构（1 693篇，以所有作者单位合并统计）

以高水平论文第一作者单位统计发现，前10机构发文数占到总数50.5%（图4-2）。

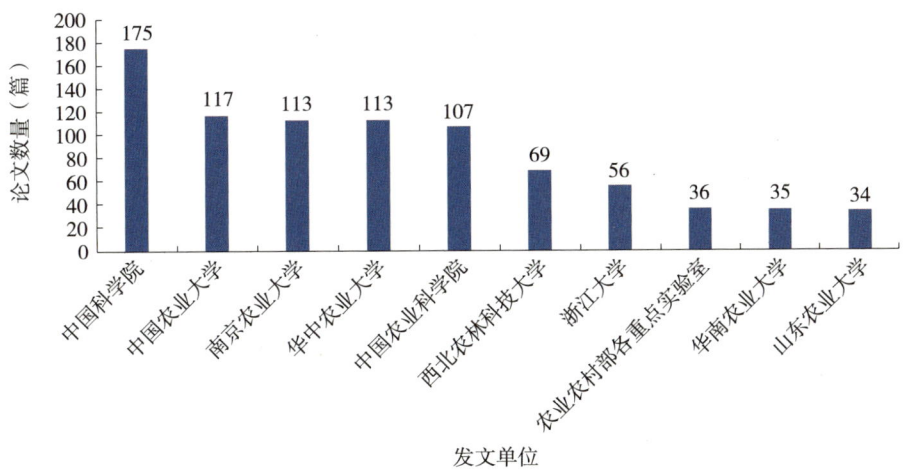

图4-2　高影响论文发文数量前10机构（1 693篇，以第一作者单位计）

2023年，我国新公开作物遗传育种相关专利授权3 138件，其中高价值专利（价值度评分≥8）668件，涉及技术653项[①]，与生物育种相关

---
① 部分技术拥有多个专利号，按多件专利计算。

的高价值专利 481 件，涉及技术 470 项。在 470 件生物育种相关的高价值专利中，价值度评分满分（10 分）的专利有 11 件，分析这 11 件专利的申请单位（第一申请单位）发现，除中国科学院遗传与发育生物学研究所和中国农业大学合作申请的 1 件专利外，其余全部由外国企业申请；价值度 9 分的专利技术有 135 件，申请人所属国家为中国的有 117 件，申请人所属国家为美国的有 13 件；价值度 8 分的专利技术有 325 件，申请人所属国家为中国的有 315 件，申请人所属国家为美国的有 5 件。由此可见，在生物育种领域，美国的申请人（主要是企业）在我国申请专利数量较多，且高价值专利占比较高，而我国主体，无论是企业还是科研单位，专利价值度相对而言没有美国的主体高。值得注意的是，中国企业 2023 年在生物育种领域公开的专利数量较 2022 年有较大幅度的提升，尤其是隆平生物、齐禾生科等，公开专利数量较多。2023 年公开专利最多的 10 个主体共占有高价值生物育种专利 137 件，占总数的 21%（表 4-1）。

表 4-1　主要申请公开专利专业分布情况

单位：件

申请人	生物育种	传统育种	育种机械设备	其他种业	总计
隆平生物技术（海南）有限公司	22				22
孟山都公司	17	2		1	20
南京农业大学	16	1			17
中国科学院华南植物园	13	2			15
西南大学	12				12
东北农业大学	12			1	13
中国农业科学院作物科学研究所	9				9
中国农业科学院生物技术研究所	9				9
中国农业大学	9		1	1	11
中国科学院遗传与发育生物学研究所	9				9
安徽农业大学	9				9
合计	137	5	1	3	146

2023 年高水平科研成果的研究方向，一是作物基础研究和应用基础

研究持续深化，深入解析植物生长发育、逆境响应、光合作用等生理机制的分子基础；二是借助基因编辑等技术，实现作物精准育种；三是加强植物系统进化和生态学研究，为生物多样性保护和可持续发展提供科学依据。

第三节 品种选育由量向质转型

一、品种审定总体情况

2023年，通过国审主要农作物品种数量为1 552个，表现出从数量增长向质量提升的转变。2021—2023年，国家审定品种的标准提升，导致审定总数呈现轻微下降趋势，从1 875个减少到1 552个（表4-2）。同时，前10企业在审定品种数量上保持了相对稳定，2023年总数为248个，占比为16%，表明领军企业在品种审定标准提升过程中保持了较强的优势。

表4-2 近三年国家审定品种数量表现

统计项目	2021年	2022年	2023年
国家审定品种数量（个）	1 875	1 560	1 552
前10企业审定品种数量（个）	273	219	248
前10企业审定品种数量占比（%）	15	14	16

二、分作物品种审定情况

1. 水稻

2021—2023年审定品种数量最多的10个单位主要为企业，且都是头部企业（表4-3）。审定水稻品种最多的是先正达集团中国，其次是隆平高科，二者审定品种数占审定品种总数的1/4以上。前10主体审定品种数占总数的38%。

表4-3 2021—2023年审定水稻品种数前10单位及审定品种数量

育种者（合并到母公司）	3年审定品种数量（个）
先正达集团中国	246
袁隆平农业高科技股份有限公司	154
中国水稻研究所	33
湖南桃花源农业科技股份有限公司	27
广西兆和种业有限公司	25
四川农大高科农业有限责任公司	23
西科农业集团股份有限公司	22
北京金色农华种业科技股份有限公司	22
合肥丰乐种业股份有限公司	20
湖南奥谱隆科技股份有限公司	20

2. 玉米

2021—2023年审定品种数量最多的10个单位多是企业（表4-4），除头部企业外，北京市农林科学院表现亮眼，审定品种数居第3位，仅次于先正达集团中国和隆平高科，高于登海种业。总之，各主体审定玉米品种的数量差异较为均匀，前10主体审定品种数仅占总数的24%，低于水稻前2名企业的占比。

表4-4 2021—2023年审定玉米品种数前10单位及审定品种数量

育种者（合并到母公司）	3年审定品种数量（个）
先正达集团中国	121
袁隆平农业高科技股份有限公司	108
北京市农林科学院玉米研究所	96
山东登海种业股份有限公司	67
河南省豫玉种业股份有限公司	59
合肥丰乐种业股份有限公司	40
河南金博士种业股份有限公司	38
辽宁东亚种业有限公司	33
河南金苑种业股份有限公司	33
吉林省鸿翔农业集团鸿翔种业有限公司	29

3. 小麦

2021—2023年审定品种数量最多的10个单位主要是中国农业科学

院作物科学研究所以及来自小麦主产省份的农业科学院或者农业大学（表4-5），此外还有先正达集团中国和江苏省大华种业集团有限公司2家企业。前10主体审定品种数仅占总数的20%，头部效应不明显。

表4-5　2021—2023年审定小麦品种数前10单位及审定品种数量

育种者（合并到母公司）	3年审定品种数量（个）
中国农业科学院作物科学研究所	23
先正达集团中国	13
山东农业大学	11
河北省农林科学院粮油作物研究所	11
山东省农业科学院作物研究所	9
江苏省大华种业集团有限公司	9
河南省作物分子育种研究院	8
黑龙江省农业科学院克山分院	8
江苏里下河地区农业科学研究所	8
江苏徐淮地区淮阴农业科学研究所	8

4. 大豆

2021—2023年审定品种数量最多的10个单位主要是中国农业科学院和主产区的科研单位（表4-6），但是审定数量最多的是山东圣丰种业科技有限公司，其审定品种数占总数的10%以上，前10主体审定品种数仅占总数的42%。

表4-6　2021—2023年审定大豆品种数前10单位及审定品种数量

育种者（合并到母公司）	3年审定品种数量（个）
山东圣丰种业科技有限公司	26
中国农业科学院作物科学研究所	13
吉林省农业科学院	12
黑龙江省农业科学院佳木斯分院	9
北大荒垦丰种业股份有限公司	8
中国农业科学院油料作物研究所	8
辽宁省农业科学院作物研究所	7
宿州市农业科学院	6
铁岭市农业科学院	6
华南农业大学	6

三、新品种保护情况

我国自1999年开始受理国内外新品种权的申请，到2023年12月底总计受理各属（种）植物新品种权申请74 589件，获得授权30 859件（表4-7），获得授权占申请数量的41.37%。其中，玉米在申请中品种数量上以24 105件领先，占到了总申请中品种数的32.32%，并且在已授权品种数量上也以10 167件占据了32.95%的比例，显示出玉米在农业育种中的重要地位。紧随其后的是水稻，其申请中品种数量为17 494件，占比23.45%，已授权品种数量为7 769件，占比25.18%，反映了水稻作为主要粮食作物的育种活动同样活跃。

普通小麦的申请中品种数量为4 688件，占总申请的6.29%，已授权品种数量为2 407件，占总已授权品种的7.80%。大豆的申请中品种数量为2 810件，占比3.77%，已授权品种数量为1 571件，占比5.09%。

总体来看，这4种作物的已受理申请品种总数达到了49 097件，这不仅体现了农业生产对新品种的持续需求，也反映了育种科技在不断进步，新品种的开发和创新在不断加速。据农业农村部统计，目前全国推广面积排名前10位的水稻、小麦、玉米、大豆品种中，授权品种占比达90%，其中98%为自主选育品种。

表4-7　至2023年年底主要作物品种保护申请受理情况表现

作物种类	申请中品种数量（件）	占总申请中品种的比例（%）	已授权品种数量（件）	占总已授权品种的比例（%）
玉米	24 105	32.32	10 167	32.95
水稻	17 494	23.45	7 769	25.18
普通小麦	4 688	6.29	2 407	7.80
大豆	2 810	3.77	1 571	5.09
全部作物	74 589	—	30 859	—

从时间维度的表现看，近10年来，我国大豆、普通小麦、水稻和玉米这4种主要农作物在品种保护申请数量上也呈现出逐年增长的趋势。这一趋势与品种授权数量的增长相呼应，进一步证实了我国农业科技创新的活跃程度和种业发展的强劲势头。

在这十年间，玉米的受理品种保护申请数量增长最为显著，从2014年的553件增长到2023年的4 375件，显示出玉米作为我国重要粮食和饲料作物的品种创新和保护需求持续增长。水稻的受理品种保护申请数量也呈现出稳定增长，从2014年的563件增长到2023年的2 940件，反映了水稻作为我国主要粮食作物的重要性。

大豆和普通小麦的受理品种保护申请数量虽然相对较少，但也呈现出逐年上升的趋势。大豆从2014年的69件增长到2023年的526件，普通小麦从216件增长到757件。这些数据表明，尽管大豆和普通小麦的品种保护申请数量增长速度可能不如玉米和水稻，但它们在农业科技创新和品种保护方面同样受到重视。

对作物品种保护申请的品种权人进行统计分析，梳理出了国内申请量排前十的机构，从数据表现可以看出，北京市农林科学院在品种保护申请数量上居首位，显示出其在农业科研领域的强大实力和高产出。江苏省农业科学院不仅申请数量多，而且授权比例最高，这表明其研发的品种具有较高的市场竞争力和创新性。中国农业科学院作物科学研究所等机构在品种保护申请和授权方面也表现出色。随着国家政策的支持和科研机构的不懈努力，预计未来中国在作物品种保护和研发方面将取得更多突破，为农业可持续发展和粮食安全提供坚实保障。

第四节 基地共建有力稳固供种

一、制种基地布局进一步集中

2023年，围绕已建成认定的96个国家级制种大县以及120个区域良种繁育基地，制种基地布局进一步向优势省份区域集中。其中，杂交水稻主要分布在福建省（57.9万亩，占比26.8%）、江西省（46.5万亩，占比21.5%）、湖南省（41.0万亩，占比18.9%）；杂交玉米主要分布在新疆维吾尔自治区（168.9万亩，占比36.6%）、甘肃省（165.5万亩，占比 35.8%）；小麦主要分布在安徽省、河南省、山东省等；大豆主要分布在黑龙江省、内蒙古自治区等地；棉花主要分布在河南省、新疆维吾尔自治区、山东省等地；油菜主要分布在四川省、陕西省、湖南省等地。随着政策引导与规模化制种产业效应，优势制种基地将进一步巩固和集中。

2023 年，我国玉米、杂交水稻、大豆等作物的国家级种子基地县常年制种面积超过 600 万亩，常年制种量超过 31 亿千克，常年种子产量可以满足全国 85% 的玉米、75% 的杂交水稻、70% 以上的大豆生产用种需求（表 4-8）。

表 4-8　2023 年主要作物制种面积及国家级基地情况

作物	制种面积（万亩）	国家级基地制种产量与需求占比（%）
玉米	463	85.00
杂交水稻	216	75.00
大豆	639	70.00

二、优质基地更多向龙头企业 / 企业集群集中

近几年，推进优势制繁种基地与龙头企业结合共建，推动基地做优、企业做强，是种业振兴的重要政策指引。以杂交玉米为例，2021 年以来，张掖市开展国家级玉米种子生产基地市场化竞争配置改革，推动优质基地向优势企业集群发展，使优质基地加速向头部企业及上市企业集中。2023 年临泽县配置玉米制种基地 30.5 万亩、企业近 40 家，预计 2024 年配置玉米制种基地 31.8 万亩、企业 34 家。杂交水稻制种方面，2023 年福建省建宁县落实杂交水稻制种面积 15.7 万亩，实现生产备案的种子公司 93 家，依托先正达集团中国水稻种子供应链创新中心延长制种产业链并实现区域资源集聚。

三、制种成本提升加快提效节本进程

2023 年，主要农作物制种成本上涨较快，催生企业加快全程机械化制种与不育化制种等技术进程，以降低制种生产成本，提高劳动效率，

增加制种效益，应对制种产业快速发展与农村劳动力不足的矛盾，推动制种产业规模化现代化升级发展。以杂交玉米为例，2023年甘肃省制种成本为5 400~5 500元/亩，新疆维吾尔自治区为4 500~4 600元/亩，内蒙古自治区3 800~4 200元/亩，较2022年同比上涨近20%。

提升制种机械化水平方面，改良了水稻插秧机、收割机以适应山丘地形，扩大全程机械化的应用范围；研发了高地隙自走式玉米去雄机、玉米低损摘穗剥皮收获机、水稻轨道授粉机等机械；加快应用植保无人机、授粉无人机、精准控温烘干设备等，提高制种效率与种子质量。加快玉米雄性不育化制种技术推广应用。该技术广受农户欢迎，在西北地区的制种前景较好，技术与亲本转化正在加速推进，如2023年度中种集团在伊宁县、河北巡天农业科技有限公司在呼图壁县等地均已开展了规模化的不育化制种。

第五节 良种良法集成增产增收

创新与深化良种良法服务，是新形势新时期因地制宜发展种业与农业新质生产力的必然要求与趋势。2023年，新型农业经营主体与社会化服务主体数量持续增长，适度经营规模与良种良法配套服务需求与日俱增，社会化服务模式的创新发展对种业现代产业链与农业全产业链提质增效作用愈发显著，助力良种销售、良机推广、良法应用、农产品流通等技术难题的解决与瓶颈的突破。物联网、云计算、大数据、人工智能及高端传感器等数智技术与装备设施更广泛地应用于社会化服务的各个方面，加速了良种良机良法的更深层融合，推动了农业现代化规模化发展。

一、新型农业经营主体与社会化服务主体发展势头良好

截至2023年10月末，全国共有家庭农场近400万个，农民合作社221.6万家，组建联合社1.5万家，其中，88%的新型农业经营主体从事种养业。新型农业经营主体持续发展适度规模经营，以粮作主体为例，

种粮家庭农场场均种粮面积达 148.8 亩，农民合作社社均拥有土地经营权作价出资面积达 460.1 亩，为社会化服务主体提供了更广阔的市场需求与空间。

截至 2023 年 10 月末，全国有超过 107 万个组织开展农业社会化服务，服务面积超过 19.7 亿亩次，服务小农户 9 100 多万户。其中，从事农机植保防控类服务业的数量持续增长，从事电子商务、短视频直播助农等新产业新业态的社会化主体增长迅速。

二、社会化服务模式持续创新

近几年，社会化服务模式不断创新发展，有效提升了良种销售、良机推广和良法应用的效益和规模。一是通过自媒体短视频及直播进行良种营销与配套良法推广，现已成为种企营销不可或缺的手段。近五年，随着智能手机的普及、最后一公里物流的打通，种子通过快手等网络平台进行销售的市场占比逐渐增加。据快手官方统计，2022—2023 年（销售年度），通过快手平台销售的种子达到 2 000 万袋，通过平台引流实际成交的数量更大，这也加速了各公司开始全面进军快手、抖音平台进行销售，纷纷成立自己的直播团队或雇佣专业团队进行运作。例如，很多品种通过快手、抖音平台进行销售，订货数量在持续增长，包括瑞普 909、东单 1331 等。二是创新种子营销"全产业链 + 品牌化"模式运营。通过自媒体、电商平台及各类环境遥感测控与大数据监测技术，在种植端指导基地和农户利用优质品种及先进种植技术生产出优质粮经蔬果产品，在消费端注重与各类生鲜平台、网店和连锁蔬果超市对接，直接与基地和农户签约订单生产。2023 年，中化农业"MAP+ 熊猫指南 +MAP 茂商城"持续全品类发力；中农发种业"超强筋新麦 58"从种子到面粉全产业链订单农业模式势头强劲；广东天禾农资股份有限公司依托广东丝苗米跨县集群产业园，创建了全国丝苗米全产业链条数字化示范区、广东丝苗米全程智能机械化装备集成区、广东丝苗米数字社会化服务创新区和省域丝苗米公共品牌引领区。

三、重大主导技术集成推广

2024年4月,农业农村部发布了2024年农业重大引领性技术、2024年农业主导品种和2024年农业主推技术。

10项农业重大引领性技术中与农作物种业有关的有3项,分别为1种水稻智能设计育种技术、1种玉米(大豆)智能播种技术和1种大豆种子处理技术;150项主推技术中与农作物种业相关的有6项,为3项播种技术和3项水稻育秧插秧技术。分析可见,这些技术主要是机械化、智慧化相关技术。除种业相关技术外,与农作物种植相关的植保和栽培技术也突出机械化和智慧化两大特征。据媒体报道,这些技术中40%以上都是单产提升技术,集成推广可为提升粮油等主要作物生产能力提供有力科技支撑,详见表4-9。

表4-9 农作物种业相关农业重大引领性技术和农业主推技术

2024年农业重大引领性技术	
1	大豆苗期病虫害种衣剂拌种防控技术
2	玉米(大豆)电驱智能高速精量播种技术
3	染色体片段缺失型镉低积累水稻智能设计育种技术
2024年农业主推技术	
1	水稻叠盘出苗育秧技术
2	机插粳稻盘育毯状中苗壮秧培育技术
3	玉米膜侧播种艺机一体化技术
4	小麦高性能复式精量匀播技术
5	水稻钵苗机插优质高产技术
6	整盘气吸式水稻精量对穴育秧播种技术

85个粮油主推品种多数具有优质、丰产、绿色、安全和水肥高效等方面的特征。

四、数智技术赋能社会化服务提质增效

2023年,在国家政策引导下,信息化、智能化同农业社会化服务深度融合,各社会化服务主体充分利用大数据、云计算、区块链等信息技

术和手段，推广应用遥感、航拍、定位系统等成熟的智能化设备和数据平台，对农业生产过程、生产环境和服务质量等进行精准监测，促进了农业社会化服务提档升级。涌现出安吉优品汇数智农业平台、辽宁省阜新蒙古族自治县庆年家庭农场数智综合管理新模式、江西省袁州区水稻生产5G智能决策系统等各类数智技术农业社会化服务应用新场景与新示范。

第五章
种业现代产业链建设路径及建议

以科技创新为根本，统筹战略力量挖掘新资源、开发新技术，加快突破作物育种短板；以产业升级为方向，激发企业动力，发展新质生产力，显著提升产业链供应链效能；以开放合作为途径，提高融入国际大市场的竞争力，形成全球大循环的增长点；以"四良"集成为关键，促进粮食和重要农产品作物大面积提升单产，全面保障国家粮食安全。

第一节 构建产业研发体系，持续加快育种攻关创新

一是构建融合创新平台，推动国家级科研单位及重点实验室的基础研究与优势种业企业创制推广品种高效衔接，从而将农作物领域克隆的关键基因和发表的众多高水平研究成果进行系统验证，明确相关基因的产业化应用价值并完善开发通路，打通关键基因资源化、市场化的"最后一公里"，加速全国众多科研机构的不同研发环节融合为一条完整的研发创新通道。同时，建立以市场为导向、龙头种企和科研单位为核心的企科创新联盟，持续健全完善需求拉动、市场导向、利益分享的协同机制，加速重大科研成果迅速转化为现实生产力，转化为种植者和消费者欢迎的重大新品种。

二是持续完善育种体系，针对综合增产育种重大需求，统筹发挥育种中心和高标准育种站、测试网络作用，加快作物一年多代高效育种；汇聚海外引进和国内开发的优异亲本开展联合组配，加速培育突破性作物品种。玉米选育高产稳产、抗病虫、品质优良、资源高效、适宜机收新品种；水稻培育优质超级杂交水稻和常规水稻新品种，选育适宜直播及机械化生产、重金属低积累品种；大豆创制优良的亲本材料，不断提高品种含油量和产量。

建议支持优势企业成为农业创新的"出题人""答题人""阅卷人"，围绕关键性状及核心技术，与具备研发创新优势的大学、科研院所开展联合攻关。对于应用前景明确的赶超型攻关任务，采用"应用引领、科研支撑"组织模式，努力实现关键核心技术自主可控。对于应用前景不甚明确的引领型攻关任务，采用"政府引导、市场竞争"组织模式，引导集成优势科研力量，多路线并举，适时调整，择优突破。

第二节　大力培育新质生产力，做强生物育种新兴产业

一是加快引进创制优异资源。拓宽资源引进渠道，扩充资源广度和丰度，增加种质资源国际来源占比；建立种质资源的基因型、表型鉴定及大数据分析技术体系，全面提升聚焦单一或多个性状的优异种源鉴定能力；建设覆盖各个生态区的高密度测试网络，提升对种质资源实现快速分析、高效利用的技术能力。

二是重点突破育种新技术。研发转基因、基因编辑、双单倍体及全基因组育种技术，提升玉米、大豆等主要作物转基因遗传转化效率、多作物双单倍体编辑效率；利用全基因组选择、智能设计育种等关键技术，加快实现我国育种系统由常规育种向智能育种的跃升。

三是加快生物育种产业化应用。推进领先基因性状成果的引进和开发。在抗虫耐除草剂性状获农业转基因生物安全证书基础上，推进新一代性状的研发，为我国生物育种提供稳定的技术供给；汇聚领先的生物技术性状、品种产品线以及产业化通道，提供生物技术性状＋品种＋生产供应＋种衣剂的产品组合，赋能我国中小种业企业提质增效、规范发展；利用快速整合技术，加速推进商业化性状产品的审定及生产，建立完善生物育种监管组织、端到端监管体系并持续优化，引领行业规范健康发展。

建议鼓励具有种业国际竞争力的领军企业和具有产业链控制力的生态主导型企业作为发展新质生产力的核心，强化需求牵引和主体担当，

大力开发新资源、新技术，打造新平台、新模式，转型升级传统种业，加速培育生物育种新兴产业。健全完善推动高水平科技自立自强体制机制，推进技术攻关、成果应用全链条突围，以自主可控的创新链保障安全稳定的产业链供应链。

第三节　拓展种业开放合作，形成资源市场联动循环

一是加强资源技术合作与成果共享。与种质资源富集的国家、地区以及国际研究机构交流合作，鼓励科研院所、种业企业利用自身技术优势，联合境外机构开展种质资源考察、收集与利用工作；加强国外种质资源的引进，探索优化种质资源准入措施，健全种源引入的风险防范机制，落实便利通关机制；有序推进国内种质资源在国际上交流共享，适度、分阶段放开我国部分种质资源的对外开发与利用；引导种业企业开展外延并购，拓展种业资源及相关技术集成创新渠道，提升跨国合作创新能力。

二是深化种业国际合作发展农业服务贸易。推动国际合作从种业链条逐步向作物解决方案服务、农产品生产加工、仓储流通和推广等环节延伸，形成更加紧密的产业协同联动体，聚焦所在国农业增产增收来重塑产业链价值链，整体提升农业综合竞争力。围绕粮食油料等重要农产品，在东道国围绕港口，建设烘干、仓储、物流，提升散装散卸散运散存"四散化"运输服务保障能力。围绕经作园艺等农产品，在东道国建设分选、预冷、采后预处理、仓储和冷链等采后服务保障能力。

建议国家有关部门依托援外项目，以作物为导向建设共性技术支撑平台，提供分子育种、DUS（特异性、一致性和稳定性）鉴定、回交转育等平台型服务，为具备"走出去"优势的企业提供支持；优化区域开放布局，发挥海南自由贸易港、中国（新疆）自由贸易试验区等对外合作"引擎"作用，面向"一带一路"国家和地区推动国内国际资源、技术、市场的优势互补、互利共赢；对标高标准国际贸易和投资通行规则，

稳步扩大管理、标准等制度型开放，增强在国际大循环中的话语权和影响力。

第四节　提供全程服务方案，大面积提升粮食单产

一是推进四良配套。首先是选好种、用好种，针对不同生态区筛选出产量高、抗性强、品质好的优良品种，形成优良品种目录供农民选择种植，集中统一供应所选品种种子，并提供二次包衣、拌种等种子处理产品及品种种植所需技术方案；其次是精准施肥，提供土壤养分元素测定服务，根据土壤养分指标、作物生长实际需求，提供精准水肥管理、密植技术方案，提高水肥利用效率和作物种植产量水平；再次精准植保，提供优化药剂配方、应用技术量化指标及施药时间、适用器械的一体化方案，突出"一喷多效""降本增效""绿色可持续"；然后是农机服务，建立农机社会化服务平台，根据农民经营土地规模及分布，合理调配先进农机设备使用；最后是数字化服务，应用卫星遥感、农业大数据等技术，定制化为农民提供智慧农业管理工具，开展生产种植分析等功能，让生产决策更加智能高效。

二是强化利益联结。结合各地区农业发展基础、组织化程度、发展规划要求等情况，因地制宜探索不同区域的托管服务，与农户和村集体经济组织建立有效的利益联结机制，促进农户适度规模经营，有效提高土地的产出效率，进一步夯实国家粮食安全的根基。

建议种业企业加强与种植产业链企业的合作，以良种为核心解决种植服务配套问题，提供全程专业化服务；以高产竞赛示范农场为展示基地，带动高产综合技术方案的区域推广。建议种业企业与农产经营主体合作，开发高品质、多样化产品，对接终端市场需求，实现上下游企业协同采购、协同生产、协同物流，促进大中小企业专业化分工协作，快速响应市场需求，更好满足营养健康消费升级需求。

附录一　产业链创新案例

一、以企科合作"揭榜挂帅"项目推进科技与产业融合创新

2016 年以来，习近平总书记多次强调，关键核心技术攻关可以搞"揭榜挂帅"，英雄不论出处，谁有本事谁就揭榜。各地各方面大力推进"揭榜挂帅"实践，一批科技领军人才、创新团队脱颖而出，突破成果持续涌现。2022 年，中种集团与海南省崖州湾种子实验室（现海南省种业实验室，以下简称实验室）联合开展"揭榜挂帅"项目，带动创新链与产业链融通发展，促进科技成果产业化、规模化应用。已形成"企业出题、院校出智、成果共享、利益反馈"的运行模式。同时，在研究创新方面，共挖掘与测试基因 36 个、申请专利 11 件，发表论文 26 篇。在产业化创新方面，共申请植物新品种权 12 件、审定大田作物品种 9 个、西瓜和辣椒品种 4 个。下一步，企科双方将继续优化"揭榜挂帅"项目机制，汇聚科技创新合力，加快新质生产力培育，打造企业为主体、高校院所支撑、各创新主体协同的现代高效种业创新体系。

（一）企科合作"揭榜挂帅"项目开启种业联合攻关新探索

当前，我国种业振兴加快推进，科研成果不断涌现，但科研和产业衔接不够、关键技术成果突破不足的问题依然突出。"揭榜挂帅"针对制约产业化创新的难点，把攻关任务张榜公布，公开遴选一流创新团队揭榜完成，具有需求明确、目标清晰、选贤用能、开放参与等特点。

海南省种业实验室与中种集团统筹国家种业战略方向和市场重大需

求，发挥新型举国体制优势，于 2022 年 7 月联合开展"揭榜挂帅"项目，由企业出题、实验室发布榜单，调动企业、社会资本、科研院所、高校等各方面力量，开启种业企科协同创新机制探索。

1. 种业企科协同创新亟待加强

发达国家种业发展经验表明，科技创新及产业化分工明确、链接严密，形成"创新—产品—创效"的良性循环至关重要。以美国为例，主要是由财政和公益基金资助的大学及科研机构开展并持续创新遗传育种方法、基因组学、生物信息学等基础研究，为种业引领性发展提供原创动力；产业技术开发主要由种业龙头企业或关键共性技术平台企业开展，通过对基础研究成果进行开发和迭代，为行业提供关键共性技术；商业化育种的主体是种业企业，利用最新技术成果发掘优良种质资源，培育出高产、优质、抗性强、专用性高的品种，通过不断满足农业种植者和食品消费者需求来推动创新链到产业链的良性循环。

从我国种业情况看，历史上形成了大学和科研单位从事基础研究和品种选育、大多数企业从事制种和销种的局面，导致出现种业研发及育种和市场需求的对接不畅、科研创新与产业发展协同不足的问题。面向种业振兴发展新阶段、新要求，我国亟须围绕产业链加强部署创新链，聚焦市场急需的高产、优质、绿色基因性状及品种，推进以需为始、市场导向、利益共享的企科协同创新，加快将更多的科研成果转化为种植者和消费者欢迎的新优品种和优质种子。

2. 共同定标、透明公开、发布榜单

2022 年 7 月 5 日，中种集团与实验室在三亚崖州湾科技城管理局（以下简称管理局）支持下签订三方战略合作协议，启动"揭榜挂帅"合作，推进企科协同创新项目实施。2023 年 2 月 13 日，联合"揭榜挂帅"项目启动仪式在三亚举行，以"企业出题、院校出智、成果共享、利益回馈"模式开启共创实践。

实验室和中种集团协同国家玉米种业技术创新中心（以下简称玉米国创中心）经过产业技术调研，凝练形成"揭榜挂帅"重大技术需求（难题）榜单，并于 2022 年 8 月面向全国高校、科研机构、企业和个人"发榜"。项目目标考核不唯论文和专利，而是重在科研成果能否应用到产业中，在市场上推广。以玉米耐旱耐热种质创新与新品种选育项目（以下简称玉米耐旱耐热项目）为例，针对我国超70%玉米面积受高温、干旱威胁导致年损失超1 500万吨的情况，提炼出表型鉴定困难、关键基因缺乏、耐旱耐热品种不足三大技术难题和对应攻关目标，并向国内广大科研团队公开发榜。

3. 公平竞争、能者为先、定帅定责

2022年底，经过项目收榜、团队组合、评审论证等多个环节，最终来自玉米、大豆、水稻和蔬菜4大作物的20个项目经过审议同意立项，全国67个优势科研院校团队与中种集团、实验室联合攻关。来自企业、高校和科研院所的20位项目负责人（"帅"），代表项目团队与实验室、中种集团签下"军令状"（项目协议），对项目的考核指标、研究计划、知识产权进行了约定。其中，玉米耐旱耐热项目由山东省农业科学院玉米所孟昭东研究员任"帅"，统筹甘肃省农业科学院作物研究所、华中农业大学等单位攻关三大难题，由中种集团提早开展攻关成果的产品验证和市场推广，从项目顶层设计上实现了"围绕产业链部署创新链"。与此同时，"揭榜挂帅"项目的所有科研经费由中种集团和实验室共同出资，也切实解决了专家团队因经费不足导致科研创新滞缓的问题。

（二）体系化管理保障揭榜挂帅项目扎实推进

1. 健全管理组织机构

为了保障项目工作顺利推进，实验室和中种集团经充分协商、于2022年8月成立了项目管理联合委员会（以下简称联委会），管理局派出了观察员参与联委会工作。联委会制订了工作细则，明确委员会人员组成以及各项工作职责及决策方式。

联委会成员在"揭榜挂帅"项目的决策管理中充分发挥各自优势，由实验室侧重项目实施管理，中种集团侧重项目成果管理。联委会借鉴先正达集团全球研发及产品管理经验，在项目决策管理中使用"战略、技术、财务"三维评价模型，在项目目标管理中采取未达产业化关键指标则关停的"闸门式"管理机制，做到项目"为产业问题选帅，用产业创新管帅"。

2. 严格规范过程管理

项目启动以后，联委会对照各项目的任务计划，依据关键节点和阶段产出紧密跟踪，发现问题及时督促研究解决，从而保障项目攻关的"进度、质量、经费"可控。围绕项目实施过程中出现的经费执行、人员投入等具体问题，联委会组织了多次调度沟通，通过建立企业管理员、开展项目实地考察和跨任务团队交流，持续完善联合"揭榜挂帅"项目的过程管理，有力推进了项目预期成果达成。

从2023年年底开始，在联委会的指导下，项目管理工作小组制订了全面周密的年度评估工作方案，并于2024年3月6日、7日、13日、15日，分别按照玉米、大豆、蔬菜和水稻4个作物领域，组织行业专家和企业管理者从技术水平、商业价值、项目管理等维度对20个项目进行综合评价。经联委会审议，最终13个项目通过年度全面考核，6个项目有条件通过年度考核、并要求按照产业导向进一步聚焦研究方向和优化技术路线，1个项目由于不符合产业应用导向和企业经营需求，未通过年度考核而提前终止。其中，玉米耐旱耐热项目一是在表型鉴定方面，已制定玉米抗旱性鉴定评价标准，并完成500余份资源鉴定；二是在关键基因方面，初步完成2个耐旱耐热基因的定位和克隆；三是在品种选育方面，2个品种已通过国家审定，并有10个组合参加各级区域／生产试验，这些品种和组合也同步在中种集团的市场化评价体系中进行测试，确保能够在取得品种审定和市场化评价认可后第一时间推向市场，实现攻关成果"立即转化"。

3. 阶段进展多方肯定

中种集团和实验室举行联合揭榜挂帅项目阶段性成果展示活动。在研究创新方面，共挖掘与测试基因36个、申请专利11件，发表论文26篇。在产业化创新方面，共申请植物新品种权12件、审定大田作物品种9个、西瓜和辣椒品种4个。主要成果亮点包括高产耐盐碱新品种东生118、科豆系列等进入产业化示范阶段；高产抗病玉米新品种鲁单8037、鲁单9226等进入商业化推广阶段；育成早熟型纯黄甜玉米先甜米瑞、西瓜品种嘉年华721等特色果蔬新品种。中种集团、实验室、管理局三方均对"揭榜挂帅"阶段性进展表示满意，并于2024年7月启动第二批"揭榜挂帅"项目立项工作。接下来，联委会将在总结阶段工作基础上，持续完善"企业出题、院校出智、成果共享、利益反馈"项目机制，推动企科各方围绕国家部署和产业战略合力创新，产出更具突破性和产业价值的科技成果，助力种业科技自立自强、种源自主可控。

二、培育种业 CRO 产业支撑"南繁硅谷"创新提效

为贯彻落实习近平总书记关于加快建设南繁硅谷的指示精神，在海南省委省政府指导和省农业农村厅大力支持下，三亚崖州湾科技城借鉴医药 CRO 发展成熟经验，在全国率先探索培育种业合同研发服务模式（即种业 CRO 模式），为全国培育发展种业 CRO 业态积累了有益经验。

（一）发展种业 CRO 是推进种业振兴的必要之举

习近平总书记提出加快建设南繁硅谷，是指围绕科研、生产、销售、科技交流、成果转化等面向全国提供服务。《国家南繁硅谷建设规划（2023—2030 年）》将南繁种业合同研究组织（CRO）数量列为南繁硅谷主要发展指标。因此，发展种业 CRO 是高质量建设南繁硅谷的必要之举。

同时，科技服务业是以技术和知识向科技创新及其成果转移转化活动提供专业化服务的产业部门，对产业高质量发展至关重要。而我国育种创新长期以科研院所为主，育种工作者往往"一手包办"、全流程参与育种工作，且重复采购非高频使用的实验仪器设备，导致育种资源配置效率和育种效率不高。种业 CRO 是科技服务业的新型业态，发展种业 CRO 模式，推动"一手包办式育种"向"育种研发流程外包服务"转变，有助于提高育种效率，优化育种资源配置，是促进现代种业高发展质量的关键措施。

此外，现代种业已进入"常规育种+现代生物技术育种+信息化育种"的智能设计育种 4.0 时代，而先进的育种技术往往掌握在极少数头部企业，中小型种业企业难以共享先进的育种技术，不利于品种更新换代，发展种业 CRO 模式将有助于中小型种业企业共享一流先进的育种技术。

（二）三亚崖州湾科技城在全国首创种业 CRO 模式

三亚崖州湾科技城于 2021 年在全国率先启动种业 CRO 模式探索与

产业培育工作。一是坚持制度先行。印发《三亚崖州湾科技城种业 CRO 模式发展实施方案》，是全国首个种业 CRO 专项实施方案，出台《三亚崖州湾科技城企业服务券管理办法》和《三亚崖州湾科技城关于促进南繁种业高质量发展的十条措施》，给予 CRO 企业固定资产投资补贴、南繁种业检验检测服务费补贴，单个企业最高可获得不超过 300 万元补贴。二是加强能力建设。先后建成 16 个种业 CRO 服务平台，引进培育 CRO 服务主体 60 余家。海南省农业农村厅首批认定的 15 家种业 CRO 主体中，11 家是科技城科企，成为海南省种业 CRO 发展高地。三是强化供需对接。建成南繁土地共享服务平台和崖州科农平台，建设智慧南繁种业 CRO 平台，提供一站式、便利化供需对接平台。四是注重规范引领。在全国率先探索"育种材料第三方存证"和"育种材料惠益分享"等种业知识产权保护新机制，为基于育种材料的种业 CRO 业务提供保障，促进供需对接；开展"南繁服务"统一标识管理工作，对首批符合条件的 7 家南繁服务主体的 10 个设施统一授牌。

（三）三亚崖州湾科技城种业 CRO 模式发展成效

三亚崖州湾科技城着力培育种业 CRO 业态，推动种业 CRO 模式成为商业化育种和高质量打造"南繁硅谷"的加速器，成效显著。一是打破传统南繁模式。依托 60 余家种业 CRO 服务主体和 16 个种业 CRO 服务平台，基本形成从种质资源创制到农业植物品种权推广交易的全链条 CRO 服务体系，从根本上摆脱传统南繁仅仅提供土地的模式，切实推动南繁事业向南繁产业转变。二是显著提升南繁育种效率。如依托南繁用地共享服务平台，育种单位可"一站式"线上看地、选地、租地，节省 80% 选地时间和近一半差旅费。三亚电子加速器诱变育种实验室提供育种材料诱变服务，电子加速器只需 1 小时处理种子，次日即可播种，90 天后收获新材料，比传统育种方法至少压缩一半时间。三是推动一流育种技术共享。依托掌握先进育种技术的种业 CRO 组织，中小型种业企业和科研院所可快速获取共享先进的育种技术，如园区企业中种集团提供分子标记 20 余个，隆平生物、舜丰生物已向国内外育种单位提供转基因、基因编辑等技术服务。

（四）种业 CRO 模式发展启示

三亚崖州湾科技城探索培育种业 CRO 模式的实践证明，该模式对于加速商业化育种进程、优化育种资源配置和提升育种效率作用显著。但种业 CRO 作为创新型业态，商业模式、行业规范和产业配套仍需行业主管部门和地方政府支持、完善。一是充分尊重科研需要和市场化规律。紧紧围绕育种单位科研外包服务需求，加强摸底调研和市场评估，积极培育引进契合育种单位需求的种业 CRO 主体，注重保护委托方的商业秘密和知识产权，在尊重市场规律的前提下强化供需对接，鼓励引导育种单位购买种业 CRO 服务，加速育种研发全流程外包服务进程。二是强化政策奖补支持力度。对于智慧育种服务、育种材料鉴定存证服务等新型 CRO 服务业态，行业主管部门和地方政府应加强前期政策引导支持保障，通过补贴等形式支持新型 CRO 服务业态从"孵化培育期"过渡到"稳定发展期"。三是注重支持先进的 CRO 育种技术创新。育种技术迭代创新是种业 CRO 发展的根本动力，各地应重点支持技术驱动型种业 CRO 主体发展，避免以中低端育种技术为支撑的低价竞争现象，以激发育种技术创新活力，挖掘种业 CRO 发展潜力。

三、以高产竞赛带动玉米大面积增产

玉米是我国三大谷物之一，其稳定供应事关国家粮食安全，但从生产水平看，2023 年我国玉米单产为 435.5 千克/亩，仅为全球领先国家的 59.5%。2023 年中央一号文件中强调要"实施玉米单产提升工程"，试点推进玉米大面积单产提升。国家玉米种业技术创新中心锚定提升我国玉米单产达到世界先进水平目标，打造开源创新与成果转化体系。2023 年玉米国创中心联合国家玉米产业技术体系开展玉米高产竞赛，面向全行业发现高产品种、创建高产方案，推动高产理论、高产基因到高产品种及其综合解决方案的全种植链成果挖掘、筛选、展示、推广。通过集成聚合高产基因、筛选高产品种、创建高产种植模式，在东北和黄淮海的 14 个攻关示范户共 9 670 亩土地上实现平均单产 1 042.8 千克/亩，远超当地普通品种常规种植的平均单产 503.4 千克/亩。通过竞赛展示，带动推广玉米高产种植的综合解决方案推广，促进示范区农民增产增收，推动种业上下游企业深度合作、提质增效。

1. 高产竞赛是推进理论高产到大田高产的有效途径

对海外成功案例进行研究发现，开展农作物高产竞赛，能够有效促进作物栽培技术进步、品种发展应用和产量提升，是品种迭代更新和粮食增产丰收的有效途径。近日，2023年度全美玉米高产竞赛（National Corn Yield Contest）落下帷幕，来自美国弗吉尼亚州的David Hula以2 641千克/亩的成绩摘得此次大赛最高单产桂冠，并创下新的玉米单产世界纪录。全美玉米高产竞赛由美国玉米种植者协会（National Corn Growers Association，NCGA）自1965年起每年举办，该竞赛致力于通过比拼玉米单亩高产来探索更可持续的玉米生产创新管理实践，继而推动全美玉米生产发展。目前，全美玉米高产竞赛的参赛规模已经从1965年的几十人发展到近5年的6 000~8 000人，参赛州数量达到45个以上，并数次刷新玉米单产世界纪录，已成为世界玉米行业影响力最大的种植竞赛之一。

2. 玉米国创中心和产业技术体系联合创新高产竞赛模式

目前，国内开展的高产竞赛普遍由政府或科研单位组织，竞赛面积一般不超过百亩，与大田生产实际差距较大；且数据积累等多数仍然停留在学术界，真正向种业企业、向种植者可公开、可应用的成套技术、成型模式仍显著不足。

玉米国创中心和国家玉米产业技术体系联合创新玉米高产竞赛模式，并按照项目方式加强过程管理，旨在聚焦玉米高产实践，搭建科企交流的桥梁，构建科企深度融合的玉米高产生态圈；科学评价和推广行业优秀科技成果，形成"良种+良法"配套方案，积极推进产业化应用，为我国玉米大面积单产提升做出重要实践探索。双方明确了3年目标，包括累计推荐具有商业化潜力高产理论途径3~5个，累计筛选高产品种3~5个，创建高产综合解决方案2~4套，2025年预计实现协同推广示范面积超万亩，在东北主产区协同开发品种单产达到1 200千克/亩，黄淮海产区单产达到900千克/亩。

3. 2023年高产竞赛阶段进展和示范带动效果明显

一是高产理论成果评选。联合《生物技术通报》，邀请华中农业大学副校长严建兵教授、北京市农林科学院玉米首席科学家赵久然研究员担任专刊主编，组织玉米高产专刊，收录28篇文章，其中特邀稿件8篇，文章质量较高，得到了学术界广泛关注，并在2023年中国杨凌农业高新科技成果博览会国际种业创新论坛开幕式上正式发布。此外，面向近三年在我国玉米种业创新领域推动农业科技进步且具有显著影响、重大社会和经济效益的科技成果，邀请玉米国创中心科委会专家对玉米高产理论成果开展评选，通过提名和评审两轮工作，最终评选出13名获奖人及数项优秀成果，其中包含理论成果突破奖3人，理论成果进步奖4人，青年科学家奖6人。

二是高产品种筛选。2023年3月玉米国创中心和国家产业技术体系联合发文，开展玉米高产竞赛品种征集和报名，品种要求为进入审定通道且未开发品种。共征集26家单位、101个品种，在黑龙江省肇东市、哈尔滨市双城区，吉林省公主岭市，辽宁省铁岭市，河北省魏县，山东省桓台县、德州市，河南省鹤壁市等地区，开展了279个点次的品种筛选，筛选出先正达40082、瑞普9013、登海1953、先正达40052、吉单982、迪卡2156、云泽138、ZG230、NS5227和吉单962等30余个产量超过1 000千克/亩的品种。

三是高产潜力探索。在征集筛选高产品种的同时，征集了高产潜力突破的玉米品种，要求为区试2年以上或审定开发2年以内的品种。总计征集29家单位、73个品种参加，在黑龙江省肇东市、哈尔滨市双城区，吉林省公主岭市，辽宁省铁岭市，河北省魏县，山东省桓台县、德州市，河南省鹤壁市等地区，开展了209个点次的高产创建，应用了"密植精播+种子二次包衣+水肥精准管理+病虫害精准防控"的综合解决方案，巡天1818、丰大969、先达6018、G1839、豫单1851、汉玉919、京农玉281、京丰211、迪卡698、农大372等20余个品种产量超过1 000千克/亩。

四是大面积高产竞赛测产。2023年分别在内蒙古自治区、山东省、黑龙江省、辽宁省、新疆维吾尔自治区开展了大面积高产竞赛测产活动，依据农业农村部玉米专家指导组和全国玉米栽培学组共同制定的《关于玉米高产、超高产田间测产验收方法和标准》进行实收测产，总计14家农户参赛，涉及11个品种、9 670亩土地，实现平均单产1 042.8千克/亩。竞赛结果如下表所示。

附表1-1 高产竞赛测产结果

	测产地点	品种	面积（亩）	产量（千克/亩）	当地平均产量（千克/亩）
1	辽宁省铁岭市	郁青392	300	889.23	515
2	辽宁省彰武县	良玉99	500	829.4	473
3	辽宁省彰武县	裕丰303	700	766.2	473
4	内蒙古自治区赤峰市	郁青763	120	1 029.3	507
5	内蒙古自治区通辽市-敖包嘎查	迪卡159	1 000	1 005.1	519
6	内蒙古自治区通辽市-北塔	迪卡159	1 300	1 062.9	519
7	山东省德州市	华西812	200	1 003.01	495
8	山东省桓台县	迪卡9256	200	1052.5	520
9	内蒙古自治区巴彦淖尔市-树梁村	华西948	850	1 127.12	564
10	内蒙古自治区巴彦淖尔市-忠厚堂村	华西948	1 100	1 352.33	564
11	新疆维吾尔自治区塔城地区	迪卡159	1 200	1 244.89	420
12	黑龙江省讷河市	和育187	600	838.88	459
13	黑龙江省哈尔滨市双城区	盈育688	600	880.55	510
14	黑龙江省哈尔滨市双城区	先玉1483	1 000	973.08	510

综合来看，通过良种良法配套，大幅提高了玉米产量。在内蒙古自治区、山东省、新疆维吾尔自治区大部分测产田块绝对产量超过1 000千克/亩，比周边农户增产显著。在黑龙江省、内蒙古自治区（东北）、山东省、内蒙古自治区巴彦淖尔市和新疆维吾尔自治区等区域，均由当地农业服务型公司为农户和合作社提供综合解决方案，综合解决方案包括种子、底肥、追肥、叶面肥、除草剂、杀虫剂、杀菌剂等，实现种植产量大幅提升。项目选择采用当地主栽种植模式和农业服务公司综合解决方案的农户地块进行测产，通过高产竞赛大幅提升示范区玉米单产，大力推广良种+良法融合模式，创建面向种植户可复制、可推广的高产解决方案，促进主产区农民增产增收。

2024年，玉米国创中心和国家玉米产业技术体系将持续合作，开展玉米高产竞赛。一是高产理论成果评选。面向2023—2024年度高产理论成果开展评选，持续关注青年科学家科研成果产出，探索和青年科学家开展创新合作的新路径。二是高产品种筛选和潜力突破。已经征集了150余个品种，在肇东市、公主岭市、德州市、鹤壁市、铁岭市、邯郸市等测试点开展品种筛选和高产潜力突破实验，持续筛选高产品种和探索高产理论；部分品种为2023年品种筛选试验的前5名品种，进入高产创建试验阶段，持续追踪高产品种的田间表现。三是逐步扩大大面积高产竞赛的影响。高产潜力突破前5名的品种自动进入大面积高产竞赛，使得品种筛选、潜力突破和大面积应用具有连贯性，推广良种+良法综合解决方案。玉米国创中心和国家玉米产业技术体系作为我国在玉米种业领域的战略性科技力量，将持续开展玉米高产竞赛行动，推进玉米大面积单产提升，助力新一轮千亿斤粮食产能提升。

四、打造企业集群提升产业链竞争力

产业集群是由产业链所涉及的一系列互为基础、相互依存的企业或者机构构成的产业集合体。塑造产业集群，有助形成具有更强创新力、更高竞争力、更安全可靠的产业链。2013年以来，习近平总书记三赴海南关切"国之大者"，对海南种业发展饱含期待，崖州湾科技城认真贯彻习近平总书记重要指示精神，通过打造种业集群，为提升产业链竞争力提供关键支撑。

一是高位谋划促进领军企业入驻。为促进种业阵型企业落地，海南省、三亚市相关领导及相关企业负责人亲自谋划，亲自参与，推动中种集团、国投种业等种企落地。2021年7月，先正达集团中国总裁率队赴三亚拜访三亚市委主要领导，双方就先正达集团中国旗下中种集团总部迁建三亚及中化化肥在三亚设立跨国公司地区总部进展进行交流，同时就共建海南省崖州湾种子实验室以及特色高效农业示范区进行深入合作探讨；2023年6月，海南省委常委、三亚市委书记一行拜会国家开发投资集团，与国投集团董事长（党组书记）等探讨共同落实好总书记重要指示，解决粮食安全问题。

二是政策支持企业做大做强。崖州湾科技城先后印发《三亚崖州湾科技城种业 CRO 模式发展实施方案》《关于支持南繁种业高质量发展的十条措施》《三亚崖州湾科技城企业服务券管理办法》《建设三亚崖州湾科技城知识产权特区的若干扶持措施》，单项政策每家企业每年可申请奖补金额最高可达 300 万元，支持种业企业发展。如中种集团业内首次实现四大作物市场总体占有率突破 10%，品种产出（审定）数量位居行业第一，取得首批转基因玉米、大豆种子生产经营许可证；再如隆平生物于 2019 年在三亚崖州湾科技城成立，是园区企业从零起步快速发展成为国内生物育种领军企业的典范，该企业掌握国际领先的多基因分子叠加技术，核心产品 LP007 技术理念先进，为 4 基因分子叠加抗虫抗除草剂玉米，其插入片段长度及大片段转化效率世界领先，可将玉米生物育种中目标性状回交转育时间从传统的 3~6 年缩短到 1.5~2 年，在国内外均具有巨大的应用潜力，公司估值已从 1 000 万元注册资本快速增长至 40 多亿元。

三是亲商服务保障产业生态发展。崖州湾科技城始终聚焦园区营商环境"短板弱项"，抓住企业服务"牛鼻子"，秉持管理局"人人都是'城小二'"的基本要求，闭环工单管理、深化"极简审批"，坚持全生命周期"链"式服务，以制度集成创新提升服务效率，已在南繁植物检疫、知识产权保护、种质资源引进、园区规划建设管理等领域形成 4 项制度创新案例和 3 项全省优化营商环境示范案例，全力以赴把惠及企业的好事办好、把服务企业的实事办实、把企业遇到的难事办妥，持续打造亲商服务的"城小二"品牌。

截至 2023 年，中种集团、国投种业、大北农、隆平生物、九圣禾、舜丰生物、科迪华、敦煌种业、江苏明天种业科技股份有限公司、北京金色农华种业科技股份有限公司、北大荒垦丰种业股份有限公司、齐齐哈尔市富尔农艺有限公司等一大批种业龙头企业入驻。大型种业集团的入驻实现集群效应，国投种业注册资本 40 亿元，未来 5 年计划投资 200 亿元；先正达集团中国旗下海南荃银五星种业有限公司、中化现代农业有限公司、中化（海南）农业生态有限公司、益通数科科技股份有限公司等"南繁硅谷"产业集群 9 家优势产业主体正式入驻，融通带动种业现代产业链协同发展；崖州湾现代种业产业集群入选全省首批百亿级重点创建产业集群名单；全国首创种业 CRO 服务体系，印发《三亚崖州湾科技城种业 CRO 模式发展实施方案》，是全国首个种业 CRO 专项实施方案，先后建成 16 个种业 CRO 服务平台，引进培育 CRO 服务主体 60 余家，在海南省农业农村厅首批认定的 15 家种业 CRO 主体中，11 家是科技城科技企业，构建形成实验室育种、田间育制种、辅助检测测试与知识产权保护等种业 CRO 业态，已成为海南省种业 CRO 发展高地。

五、政企通力合作，遏制假种经营

知识产权保护是种业振兴的重要支撑手段。近年来，各部门、各地方大力构建全链条保护机制，严厉打击假冒伪劣、套牌侵权等违法犯罪行为，推动营造良好市场环境，为种业高质量发展提供了坚实的保障。在此过程中，中种集团积极承担种业央企责任，持续健全知识产权保护体系，提升维权组织和能力，与地方执法部门通力合作打击假种经营，对制假行为起到了强力震慑作用。下一步，中种集团将持续升级"燎原计划"，利用大数据手段为行政执法提供信息保障，配合有关部门强化全链条监管，助力营造知识产权保护环境，助推种业高质量发展。

1. 有关部门强化知识产权保护，有力保护激发种业创新

农业现代化，种子是基础。2021 年 7 月，中央全面深化改革委员会第二十次会议审议通过《种业振兴行动方案》，将知识产权保护作为五大行动之一。要求着力全面净化市场环境，遏制种业假冒伪劣、套牌侵权行为，从而激发育种创新主体动力，支撑种业科技自立自强。2022 年 1 月，农业农村部和最高人民法院等七部委联合发布《关于保护种业知识产权打击假冒伪劣套牌侵权营造种业振兴良好环境的指导意见》，部署综合运用法律、经济、技术、行政等多种手段，推行全链条、全流程、全方位监管，为种业筑牢恢恢法网。各地各部门主动作为落实部署，强化行政和司法衔接机制，推出严厉打击假冒伪劣、套牌侵权等违法行为"组合拳"，扎实开展种业监管执法年活动，并持续推进知识产权保护、"仿种子"清理、品种审定试验专项整治，发布典型案例。2021 年以来，种业企业的打假维权意识明显增强，激励保护创新的发展环境持续向好。

2. 中种集团健全知识产权保护体系，助力高效辨识假种子及投诉

2021 年，中种集团成立种业知识产权保护中心，统筹规划建设专利、商标、品种权和商业秘密管理体系及团队，启动实施种业知识产权保护"燎原计划"，综合运用"遥感锁定 + 全链物联 + 信息追踪"技术，实现对"种子繁制—加工—成袋—市场销售"种子全产业链条的信息化打通。目前已建立从性状开发、亲本导入，到杂交制种、分级经销、农民种植的全流程端到端追溯系统，正在开发卫星遥感识别制种地、AI 辅助识别品种功能，不仅保护公司自身合法权益，也将通过与管理部门及行业合作，提升市场监管能力，确保农民买到货真价实的好种子。与此同时，中种集团知识产权保护中心调查员团队不畏严寒酷暑，在"燎原"追溯系统指引下高效巡查全国制种基地和侵权多发市场，现场确认和投诉侵权事件。三年来，中种集团与各部门、各地方通力合作，共提起行政投诉超 60 件，其中 40 件已经结案；提起法律诉讼 13 件，已经审结 3 件，有效遏制了侵害品种知识产权行为，并于 2022 年荣获国家知识产权优势企业称号。

以 2024 年内蒙古自治区敖汉旗王某农资门市假种经营案件为例，中种集团通过知识产权保护中心团队的市场摸排和品种比对，仅用一周时间即锁定王某农资门市经营的玉米种子"HD1188"涉嫌假种子经营，并整理投诉材料作为证据，向敖汉旗农牧局提出投诉。

3. 行政部门严肃执法，快速查办从重处罚

敖汉旗农牧局接到中种集团玉米运营平台三北种业有限公司投诉后，立即开展立案调查。当日下午，组织执法人员对敖汉旗王某农资门市进行现场检查。对涉案种子"HD1188"进行查封扣押并异地保存，防止证物转移。

敖汉旗农牧局执法人员在现场检查过程中，认真制作查封扣押现场笔录、查封扣押决定书、抽样取证凭证等，并对现场进行拍照取证，对当事人进行询问并取得签字确认。

在初步取得假种子经营证据的基础上，敖汉旗农牧局向假种子包装袋的标称生产单位邮寄了《农牧局产品确认通知书》，并委托指定检测单位对"HD1188"与侵权品种进行真实性比对。据检测结果，确认

"HD1188"与侵权品种"远科105"为同一品种,同时通过中国种业信息网系统查询,确认当事人购进的"HD1188"玉米种子与备案信息不符。

依据严密的程序及证据,下达《敖汉旗农牧局责令改正通知书》和《敖汉旗农牧局行政处罚事先告知书》。依据相关法律法规,对当事人作出没收种子、没收违法所得和罚款的处罚决定。

经调查,当事人共购进"HD1188"玉米种子140袋,购货价格为60元/袋,销售价格为100元/袋,现场查扣时已销售43袋,违法所得为4 300元。依据《中华人民共和国种子法》第七十四条第一款"违反本法第四十八条规定,生产经营假种子的,由县级以上人民政府农业农村、林业草原主管部门责令停止生产经营,没收违法所得和种子,吊销种子生产经营许可证;违法生产经营的货值金额不足二万元的,并处二万元以上二十万元以下罚款;货值金额二万元以上的,并处货值金额十倍以上二十倍以下罚款",并参照《内蒙古自治区农牧业行政处罚裁量标准》中的相关规定作出处罚决定:一是没收尚存的"HD1188"玉米种子97袋,二是没收违法所得4 300元,三是罚款人民币115 000元。

4. 依托法治和系统强力支撑,坚决有效净化种业市场

下一步,中种集团将一是持续迭代优化"燎原"追溯系统,加强"种质创新—品种选育—种子产销"的端到端追踪,切实保障自主创新和科研合作单位合作创新成果,保障农户买到"真种子";二是采用技术手段帮助育种家等权利人维护合法权益,培养尊重知识产权以及对知识产权付费的意识,坚决打击侵权;三是配合主管部门和各地执法机关,加强对制种基地和市场流通环节检查,把侵权链条中的源头和终端作为重点目标,坚决打击假冒种子行为。配合行政和司法部门及时调查取证,确保证据充分,为后续履行不同司法途径做好准备,保障"一击到底、绝不姑息"。

六、科企联合攻关盐碱地综合利用,打造良种良法结合"新粮田"

盐碱地综合改造利用,是我国新一轮千亿斤粮食产能提升行动的支

撑性重大工程之一。近年来，中国中化控股有限责任公司（简称中国中化）积极践行央企责任，集成旗下环境科学、生命科学、材料科学等板块的综合优势，多措并举积极探索盐碱地综合改造利用的新技术和新模式，打造"以种适地"和"以地适种"两把"金钥匙"，让更多盐碱地长出了粮食。

（一）推进盐碱地综合利用，是拓展农业生产空间、保障国家粮食安全的重要抓手

耕地是粮食生产的命根子，粮食等重要农产品的有效供给必须靠耕地支撑保障。随着经济社会发展，我国耕地保护和粮食安全面临的形势十分严峻，第三次全国国土调查显示，2019年底全国现存耕地19.18亿亩，与2009年底数据相比，10年减少了1.13亿亩。而与此同时，我国盐碱地总面积约15亿亩，主要分布在东北、黄河中游、西北内陆、滨海和华北五大区域。其中可利用盐碱地资源约5.5亿亩，如果能开发利用，对于扩大我国耕地面积、维护国家粮食安全具有重大意义。

党的十八大以来，习近平总书记和党中央高度重视耕地保护和利用，作出一系列重大部署。2023年5月，习近平总书记在河北省沧州市考察时强调"开展盐碱地综合利用，是一个战略问题，必须摆上重要位置"，为综合利用盐碱地提供了根本遵循。2023年中央一号文件明确提出要"持续推动由主要治理盐碱地适应作物向更多选育耐盐碱植物适应盐碱地转变，做好盐碱地等耕地后备资源综合开发利用试点"，部署了"以种适地"与"以地适种"并举综合利用盐碱地的突破方向。

（二）科企联合攻关，两把"金钥匙"让盐碱地焕发新生

1. 汇聚"以种适地"和"以地适种"战略力量

玉米等作物种质创新与分子育种全国重点实验室（简称重点实验室）是国内唯一由企业（中国中化旗下先正达集团中国）牵头的种业重点实验室，以实现核心基因、关键生物技术产品和重大新品种自主可控为使命。2023年重点实验室联合有关单位，在全球首次发现可大幅提高盐碱地作物产量的耐碱主效基因 *AT1*，对"以种适地"提升盐碱地粮食产量具

有重大应用价值，相关成果发表于国际顶级学术期刊《Science》上，并入选国家自然科学基金委员会发布的2023年度"中国科学十大进展"。

中化现代农业有限公司是中国中化旗下负责现代农业服务业务的运营平台。以MAP（Modern Agriculture Platform，即现代农业技术服务平台）战略为核心，以农产品品质需求为导向，以订单农业和生产托管为手段，示范推广现代农业技术，开发应用数字农业工具，提供线上线下相结合、涵盖农业生产销售全过程全产业链的综合服务，为消费者"种出好品质"、为种植者"卖出好价钱"。近年来，在西北内陆盐碱地、滨海盐碱地等区域建立试验示范基地，开展适种作物、抗逆萌发、抗逆出苗、农机农艺、土壤改良等技术测试，初步形成盐碱地综合利用技术模式6套，服务盐碱地种植粮食10万余亩。

沈阳化工研究院有限公司是中国中化旗下的综合性化工科研院所，在盐碱地改良领域持续开展调碱抗盐、消减土壤障碍因子、构建健康土壤体系、提升土壤质量等研究，成功研发出智慧化盐碱地土壤障碍因子快速诊断技术，搭建了涵盖"土壤—作物—微生物"3个维度的综合盐碱地治理模型，并靶向制订了盐碱地改良的技术方案和改良路径，在黑龙江省、吉林省、辽宁省等多地示范服务面积达100万余亩。

中化环境控股有限公司是中国中化旗下环境科学专业公司，自2022年开始，在吉林省大安市政府的支持下，开展近3万亩盐碱地水田、旱田综合治理项目，打造了以甜高粱种植为核心的盐碱地旱田开发循环农业模式，同时依托生物质发酵盐碱地修复材料技术，改善土壤肥力，通过自主研制含有天然矿物质的土壤修复材料，有效降低污染物的可迁移性，促进提升土壤养分和作物产量。

2. 联合设立盐碱地综合治理与利用项目

中国中化作为农业领域的国家队和主力军，统筹发挥旗下各板块科企单元在盐碱地治理利用技术及业务方面的优势，在2022年设立盐碱地综合治理与利用关键技术开发及产业示范专项。着力打通盐碱地治理、种质开发、作物种植和下游深加工产业链，构建特色盐碱地综合治理与利用的发展模式。"以种适地"和"以地适种"相结合进行探索实践，集成良种良法技术，推广盐碱地种植综合方案。

3. 合力推进项目取得阶段成果

（1）以种适地良种选育取得突破。项目团队建立了温室苗期耐盐、耐盐碱测试体系和耐盐碱作物田间筛选标准圃，通过玉米、高粱、燕麦草、大豆等多品种的试种试验，选择更耐盐碱的作物及品种。截至目前，初步定位了7个耐盐基因、成功克隆了4个耐碱基因，开展 AT1 基因在不同作物的耐碱机制探索工作，筛选出耐盐碱新种源21个（大豆13个、燕麦3个、高粱4个、旱碱麦1个）。

（2）以地适种技术集成配套。一是提地力。采用增施有机肥、土壤调理剂、微生物菌剂等措施提升地力，以根际土壤微生态调控为切入点，构建盐碱地土壤健康、耐盐微生物菌剂和抗盐促生生物刺激素等研究模型5套以上，创制盐碱地养分扩容养分高效产品美麟美、生物刺激素产品优翠露、盐碱地土壤绿色改良剂良田葆、激发碳有机水溶肥等，在现有产品基础上降低根际盐分10%以上、提高养分利用效率8%以上。二是抑盐碱。基于区域内水盐运动和盐碱特征的分区施策技术进行水盐调控；通过淋洗作用改善作物根际环境，提高出苗率；采用垄作、覆膜、平播等不同农机农艺结合的栽培模式，帮助作物在盐碱逆环境中更好生长，提质增产。创新6套盐碱地增产技术模式，实现中低度盐碱地增产10%~15%，重度盐碱地逐渐可耕种。

（三）打磨两把"金钥匙"，开启盐碱地"新粮田"

今年以来，项目团队聚焦籽粒高粱、饲草高粱、大豆、玉米、油葵等作物，在宁夏回族自治区石嘴山市大武口区布置试验示范地8 000亩，开展盐碱地种质开发、抗逆促生、土壤改良综合解决方案等试验。同时，联手当地农、牧、畜、酒等下游企业推动盐碱地优质粮、饲草等特色产业开发，将盐碱地综合利用从改土、种植，延伸到农产品加工、销售，不断挖掘提升盐碱地价值，为河套地区盐碱地拓展增产增收之路。

9月初，盐碱地综合示范迎来了收获季，首次生产性种植的高粱亩产预计将达到300~350千克。在现场考察后，朱玉贤院士表示大武口盐碱地综合利用示范展示效果震撼，种康院士表示让盐碱地长出绿色第一步已经成功，曹晓风院士建议，重点实验室和企业应该凝聚力量，和科研单位携手推动国家种业进步。

下一步,中国中化将持续推进科企合作创新,有效融通产业链上下游,用"以种适地"和"以地适种"两把金钥匙,打造可复制、可推广的"良种+良法+良田"综合利用模式,落实好盐碱地综合改良利用国家战略任务,为拓展农业生产空间、保障国家粮食安全贡献力量。

七、种子企业推进技术与投资"走出去"

我国种子企业"走出去"发展,是开拓海外市场并提升全球竞争能力的必由之路,也是促进我国与世界各国技术与资源互利合作,提高全球粮食安全水平的战略之举。新时代以来,我国种子企业积极推进业务和投资"走出去",在多路径发展探索、多区域市场开拓方面取得显著进展。

(一)利用优势技术助力海外农业发展

1. 隆平高科杂交水稻业务出海

2007年,隆平高科率先在菲律宾成立了第一个杂交水稻海外研发中心——菲律宾研发中心,开展面向东南亚地区优质高产、广适多抗的杂交水稻新品种的选育研究。2008—2016年,先后在印度尼西亚、巴基斯坦、印度成立印度尼西亚水稻分公司、南亚水稻研发有限公司、印度水稻研发有限公司,开展新品种的测试与推广。为有效整合海外研发资源,2017年在三亚成立了隆平高科(三亚)海外种业研发有限公司(以下简称三亚海外),作为海外研发的总部,统筹海外各分中心。2019年,隆平高科越南研发中心正式成立。至此,隆平高科海外研发战略布局基本形成,即以三亚海外为中心,辐射东南亚、南亚,开展适合当地的水稻新品种培育。隆平海外杂交水稻产业主要分布在菲律宾、巴基斯坦、孟加拉国、越南等国家。近年来,隆平高科国际杂交水稻销量从400万千克增长到880万千克,销售收入从1.4亿元增长到3亿元,到2025年有望实现1 500万千克销量,销售收入突破4.5亿元。目前,隆平高科在菲律宾市场占有率约25%,已超越拜耳与科迪华;在巴基斯坦发挥引领带动作用,与国内企业协同推广中国杂交水稻种子,助力巴基斯坦粮食增产农民增收。

2. 荃银高科杂交水稻业务出海

荃银高科杂交水稻业务开始从种子出口向海外育繁推阶段过渡，重点是不断完善面向海外的育种体系建设，开展适应海外气候环境、抗性强、符合当地米质需求的新品种研发。2023年出口杂交水稻种子1 108万千克，海外销售收入2.86亿元人民币。聚焦巴基斯坦、菲律宾、孟加拉国、印度尼西亚等主要市场，近年来保持较高增长率。在巴基斯坦杂交水稻市场占有率约为45%，菲律宾市场占有率达到20%。荃银高科目前已在孟加拉国、安哥拉、缅甸、菲律宾注册设立全资和控股子公司，开展境外育繁推一体化业务，在三亚设立了国际水稻育种站，在孟加拉和安哥拉设立海外育种中心，并在东南亚与西部非洲建有育种测试网络，开展面向海外的杂交水稻品种选育。

3. 庆发禾盛杂交油菜业务出海

武汉庆发禾盛农业发展有限公司（以下简称庆发禾盛）在巴基斯坦、乌干达、越南、孟加拉国等多地推广杂交水稻、杂交油菜、蔬菜种子，并在发展过程中从最初的出口贸易，逐步转向当地选育繁种。巴基斯坦是食用植物油的消费大国，年均总需求量约500万吨，其中89%依赖进口，巴基斯坦政府高度重视并鼓励自主生产和大面积推广含油量高、油质好的油菜品种。自2009年起，庆发禾盛联合当地农业公司合作进行油菜育种研发，5年间先后引进了几百个油菜品种，但品种表现不如人意，品种表现的主要问题，一是菜籽成熟时正逢巴基斯坦高温天气，裂荚掉籽比例高严重影响菜籽的产量；二是普遍株型过高，容易倒伏。明确品种选育改进方向后，2019年选育出新一代优质杂交双低油菜品种HC—021C，该品种通过巴基斯坦农业委员会注册，是首个在巴基斯坦注册成功的外国油菜品种，该品种生育期短、含油率高、抗性强、株型适宜，单位产量对比其他品种增产约5%左右，深受巴基斯坦旁遮普省、信德省农民青睐，列入巴基斯坦旁遮普省油料作物用种补贴名单，2023年推广种植达60万亩。

（二）加大投资拓展海外市场

2017年，隆平高科联合中信农业基金共同出资设立了香港SPV

（Special Purpose Vehicle，特殊目的机构/公司），通过间接控制的巴西全资子公司收购陶氏益农在巴西的特定玉米种业业务，交易金额 11 亿美元，同年设立全资子公司隆平发展。陶氏益农巴西玉米种业在种子领域具备多年的技术积累，拥有优质的种子资源，此次收购增强了隆平高科在玉米种业方面的实力，亦完善了公司的全球市场布局。2018 年，隆平高科通过将所持有的香港 SPV 股份转让以及现金增资的方式，对隆平发展进行资本增资，完成后，隆平高科持有隆平发展的股权比例为 35.75%。同年，隆平发展得到中信农业和中农基金的进一步增资，完成了对香港公司 100% 股权的收购，间接实现了对巴西相关种子业务的完整控制。2023 年，隆平高科分别通过现金购买了新余农银隆发投资合伙企业和苏州苏泩榆锦投资合伙企业所持有的隆平发展 7.14% 和 6.53% 的股份。此次增持完成后，隆平高科合计持有隆平发展 49.42% 的股份，控股隆平发展。2023 年 11 月，隆平高科将隆平发展纳入合并报表范围。巴西是全球第二大转基因作物种植国家，隆平发展由此拥有了在巴西 20 多年转基因玉米育种、繁育和推广服务经验，部分核心技术体系处于全球一流水平，通过国内外转基因育种的交流与联动，能够促进国内研发创新，推动育种精准化、高效化的迭代升级。

附录二 高影响力论文概况

附表 2-1 2023 年高影响力论文概况

序号	中文标题	所属期刊	创新团队
1	拟南芥核 FRIGIDA 凝结的冷诱导	Nature	北京大学何跃辉研究组
2	减少油菜素内酯信号可提高半矮秆小麦的产量	Nature	中国农业大学孙其信/倪中福
3	植物空中防御的基因解剖	Nature	河北农业大学洪益国
4	中国水稻可持续生产的最佳氮肥施用率策略	Nature	中国科学院南京土壤研究所赵旭和颜晓元等
5	对水稻 CDP-DAG 合成酶进行基因组编辑可增强对多种病原体的抵抗力	Nature	华中农业大学李国田教授团队
6	水杨酸甲酯介导的植物空气传播防御的分子基础	Nature	清华大学刘玉乐团队
7	三方变阻器控制宿主植物对昆虫的自我调节抗性	Nature	武汉大学何光存团队
8	有害突变的系统发育学发现促进了杂交马铃薯育种	Cell	中国农业科学院深圳农业基因组研究所黄三文团队
9	天然基因驱动系统赋予水稻生殖隔离	Cell	中国农业科学院作物科学研究所万建民院士团队
10	淀粉体沉降使 LAZY 重新极化以实现植物的重力感应	Cell	清华大学生命科学学院陈浩团队等
11	磷酸开关限制植物免疫中 BTL2 介导的植物细胞因子信号传导	Cell	华中农业大学于晓、得克萨斯农工大学单立波/何平团队
12	植物-动物相互作用影响恢复	Science	河南科技大学张明明、曲阜师范大学易现峰教授团队
13	通过独脚金内酯生物合成的变化玉米对金缕梅的抗性	Science	先正达集团、中国科学院昆明植物研究所吴建强研究员课题组

附录二　高影响力论文概况

（续表）

序号	中文标题	所属期刊	创新团队
14	植物 RNA 聚合酶 V 的结构与机制	Science	南方科技大学杜嘉木团队
15	通过嫁接进行 CRISPR 编辑的植物	Nature Biotechnology	中国科学院遗传与发育生物学研究所高彩霞团队
16	通过精确、分级的下调基因表达调整植物表型	Nature Biotechnology	中国科学院遗传与发育生物学研究所高彩霞团队
17	工程化的上游开放阅读框可预测地下调植物中的 mRNA 翻译	Nature Biotechnology	中国科学院遗传与发育生物学研究所高彩霞团队
18	使用 PrimeRoot 编辑器将大型 DNA 序列精确整合到植物基因组中	Nature Biotechnology	中国科学院遗传与发育生物学研究所高彩霞团队
19	通过水和溶质通道淹没植物质外体	Cell Research	河南农业大学王道文等
20	植物光敏色素 A 作为高度敏化光感受器的结构见解	Cell Research	北京大学王继纵／邓兴旺
21	Pr 状态下的植物光敏色素 A 组装为不对称二聚体	Cell Research	华中农业大学殷平／马羚
22	美洲茄基因组辅助发现检测马铃薯晚疫病病原体效应子的免疫受体	Nature Genetics	中国科学院微生物研究所林啸研究团队、中国农业科学院农业基因组研究所黄三文团队等
23	番茄超级泛基因组突出了野生近缘种在番茄育种中的潜在用途	Nature Genetics	新疆农业科学院园艺作物研究所余庆辉等
24	三倍体栽培香蕉基因组的起源和进化	Nature Genetics	浙江大学张亮生课题组
25	泛基因组分析揭示了与黍驯化性状相关的基因组变异	Nature Genetics	中国农业科学院作物科学研究所刁现民团队等
26	泛基因组分析确定了与珍珠粟耐热性相关的结构变异	Nature Genetics	四川农业大学草业科技学院黄琳凯教授团队等
27	玉米的多组学综合网络图	Nature Genetics	华中农业大学李林课题组
28	玉米基因组的完整端粒到端粒组装	Nature Genetics	中国农业大学国家玉米改良中心、玉米生物育种全国重点实验室赖锦盛教授团队
29	拟南芥雄性配子体中不同的染色质特征	Nature Genetics	南方科技大学生命科学学院吴柘团队与陈曦团队
30	一个突出的抗旱玉米种质的基因组组装和遗传解剖	Nature Genetics	中国农业大学秦峰团队
31	抑制细胞分裂素核苷酸磷酸水解酶可提高水稻籽粒产量	Nature Genetics	华中农业大学邢永忠教授课题组

109

（续表）

序号	中文标题	所属期刊	创新团队
32	超级番茄基因组分析凸显野生番茄和栽培番茄物种的基因组多样性和结构变异	Nature Genetics	新疆农业科学院园艺作物研究所余庆辉等
33	异源四倍体棉花纤维发育过程中重复基因表达的调控机制	Nature Genetics	华中农业大学棉花遗传改良团队王茂军教授
34	水稻杂交基因组的结构和功能揭示了杂交的遗传基础和最佳性能	Nature Genetics	中国科学院分子植物科学卓越创新中心韩斌团队
35	植物精子中普遍存在的假定染色质二价性和H3K27me3的部分重置	Nature Genetics	南方科技大学吴柏研究小组
36	模式植物狗尾草的基于图的基因组和泛基因组变异	Nature Genetics	中国农业科学院作物科学研究所刁现民团队

附录三 农作物主要推广品种及审定情况

1. 2020—2022年杂交水稻推广面积前50名品种

附表3-1 2020—2022年杂交水稻推广面积前50名品种

杂交水稻推广面积排序	2020年推广		2021年推广		2022年推广	
	品种名称	审定年份	品种名称	审定年份	品种名称	审定年份
1	晶两优华占	2015	晶两优华占	2015	晶两优华占	2015
2	晶两优534	2016	晶两优534	2016	晶两优534	2016
3	隆两优华占	2015	隆两优华占	2015	隆两优534	2016
4	泰优390	2013	隆两优534	2016	荃优822	2016
5	晶两优1377	2016	野香优莉丝	2017	隆两优华占	2015
6	隆两优534	2016	荃优丝苗	2016	野香优莉丝	2017
7	宜香优2115	2011	荃优822	2016	荃优丝苗	2016
8	晶两优1212	2016	C两优华占	2013	宜香优2115	2011
9	野香优莉丝	2017	泰优390	2013	泰优390	2013
10	C两优华占	2013	荃优丝苗	2017	C两优华占	2013
11	中浙优8号	2006	徽两优898	2015	晶两优8612	2019
12	深两优5814	2008	甬优1540	2015	晶两优1377	2016
13	徽两优898	2015	宜香优2115	2011	甬优1540	2015
14	荃优822	2016	晶两优1377	2016	隆两优8612	2019
15	荃优丝苗	2016	晶两优8612	2021	荃两优丝苗	2017
16	天优华占	2011	天优华占	2011	荃优1606	2020
17	甬优1540	2015	隆两优1377	2017	玮两优8612	2020
18	野香优航1573	2019	晶两优1212	2016	中浙优8号	2006
19	川优6203	2014	中浙优8号	2006	昌两优8号	2019

（续表）

杂交水稻推广面积排序	2020年推广		2021年推广		2022年推广	
	品种名称	审定年份	品种名称	审定年份	品种名称	审定年份
20	两优688	2009	昌两优8号	2019	深两优5814	2008
21	隆两优1377	2017	两优688	2009	徽两优898	2015
22	桃优香占	2015	桃优香占	2015	桃优香占	2015
23	荃两优丝苗	2017	旱优73	2014	天优华占	2011
24	又香优龙丝苗	2019	深两优5814	2008	隆两优1377	2017
25	五优308	2004	又香优龙丝苗	2019	川优6203	2014
26	丰两优香1号	2007	川优6203	2014	旱优73	2014
27	隆两优1308	2017	兆优5431	2015	两优688	2009
28	Y两优900	2015	泰优398	2012	昱香两优馥香占	2021
29	荃优华占	2017	徽两优丝苗	2017	徽两优丝苗	2017
30	徽两优丝苗	2017	野香优明月丝苗	2019	吉丰优1002	2013
31	甬优1538	2020	荃优华占	2017	荃优华占	2017
32	旱优73	2014	隆两优8612	2019	泰丰优208	2012
33	盛泰优018	2013	隆两优1988	2016	隆两优1307	2017
34	吉丰优1002	2013	吉丰优1002	2013	泰优398	2012
35	甬优15	2012	隆两优1308	2017	又香优龙丝苗	2019
36	隆两优1988	2016	Y两优900	2015	晶两优1212	2016
37	Y两优1998	2014	株两优819	2006	株两优819	2006
38	隆两优1212	2019	Y两优17	2017	Y两优900	2015
39	Y两优1928	2010	隆两优1307	2017	泰优808	2020
40	泰优航1573	2016	野香优航1573	2019	隆两优1212	2019
41	甬优9号	2007	野香优9号	2011	隆晶1212	2017
42	野香优9号	2011	隆两优1212	2019	兆优5431	2015
43	广8优165	2013	荃优1606	2020	Y两优17	2017
44	晶两优1206	2019	野香优巴丝	2019	荃两优1606	2020
45	隆两优黄莉占	2016	广8优龙丝苗	2020	隆两优1988	2016
46	Y两优1号	2006	五优308	2004	两优005	2019
47	徽两优996	2012	野香优海丝	2019	甬优15	2012
48	恒丰优华占	2012	甬优15	2012	荃优607	2020
49	野香优巴丝	2019	广8优郁香	2019	野香优9号	2011
50	宜香4245	2009	隆晶优1212	2017	野香优海丝	2019

2. 2020—2022 年玉米推广面积前 50 名品种

附表 3-2　2020—2022 年玉米推广面积前 50 名品种

玉米推广面积排序	2020 年推广		2021 年推广		2022 年推广	
	品种名称	审定年份	品种名称	审定年份	品种名称	审定年份
1	郑单 958	2000	郑单 958	2000	裕丰 303	2015
2	京科 968	2011	裕丰 303	2015	郑单 958	2000
3	裕丰 303	2015	中科玉 505	2017	中科玉 505	2017
4	登海 605	2010	京科 968	2011	京科 968	2011
5	中科玉 505	2017	登海 605	2010	登海 605	2010
6	先玉 335	2006	先玉 335	2006	沃玉 3 号	2013
7	联创 808	2015	天农九	2011	东单 1331	2016
8	伟科 702	2012	联创 808	2015	先玉 335	2006
9	隆平 206	2007	伟科 702	2012	秋乐 368	2017
10	浚单 20	2003	东单 1331	2016	联创 839	2017
11	郑原玉 432	2018	沃玉 3 号	2013	农大 372	2015
12	良玉 99 号	2012	农大 372	2015	良玉 99 号	2012
13	农大 372	2015	良玉 99 号	2012	瑞普 909	2017
14	东单 1331	2016	秋乐 368	2017	伟科 702	2012
15	天农九	2011	迪卡 653	2015	MY73	2020
16	大丰 30	2012	联创 839	2017	联创 808	2015
17	德美亚 1 号	2004	郑原玉 432	2018	合玉 29	2017
18	豫安 3 号	2013	和育 187	2017	天育 108	2017
19	迪卡 653	2015	天育 108	2017	迪卡 653	2015
20	和育 187	2017	德美亚 2 号	2008	天农九	2011
21	翔玉 998	2014	隆平 206	2007	NK815	2017
22	蠡玉 16 号	2003	翔玉 998	2014	MC812	2015
23	东农 254	2014	瑞普 909	2017	冀农 802	2018
24	天育 108	2017	冀农 802	2018	和育 187	2017
25	益农玉 14	2017	合玉 29	2017	先玉 1225	2016
26	龙育 11	2013	浚单 20	2003	京科 999	2020
27	合玉 25	2015	豫安 3 号	2013	鲁单 510	2021
28	龙单 90	2018	德美亚 1 号	2004	郑原玉 432	2018

（续表）

玉米推广面积排序	2020年推广		2021年推广		2022年推广	
	品种名称	审定年份	品种名称	审定年份	品种名称	审定年份
29	冀农802	2018	登海618	2017	中玉303	2020
30	登海618	2017	宏硕899	2013	隆平206	2007
31	东农264	2018	丹玉405号	2008	Z658	2018
32	沃玉3号	2013	先玉1225	2016	豫安3号	2013
33	德单5号	2010	克玉19	2018	翔玉998	2014
34	瑞普909	2017	优迪919	2016	金博士825	2019
35	优迪919	2016	蠡玉16号	2003	龙单90	2018
36	宏硕899	2013	大丰30	2012	豫单9953	2018
37	西抗18	2011	富尔116	2015	先玉1483	2018
38	嘉禧100	2019	富民58	2015	联创825	2017
39	正大999	2003	正大999	2003	正大999	2003
40	克玉19	2018	德单5号	2010	优迪919	2016
41	泛玉298	2020	联创825	2017	沧玉77	2019
42	秋乐368	2017	嘉禧100	2019	MC121	2018
43	丹玉405号	2008	辽禾308	2010	辽禾308	2010
44	龙单83	2017	京科999	2020	蠡玉16	2003
45	先玉1225	2016	豫单9953	2018	登海618	2017
46	金海5号	2003	登海685	2015	登海685	2015
47	翔玉211	2016	安玉308	2017	丹玉405号	2008
48	豫单9953	2018	东农257	2014	嘉禧100	2019
49	联创825	2017	豫单132	2019	豫单132	2019
50	江单13	2018	太育9号	2018	宏硕899	2013

3. 2020—2022年冬小麦推广面积前50名品种

附表3-3 2020—2022年冬小麦推广面积前50名品种

冬小麦推广面积排序	2020年推广		2021年推广		2022年推广	
	品种名称	审定年份	品种名称	审定年份	品种名称	审定年份
1	百农207	2014	济麦22	2006	济麦22	2006
2	济麦22	2006	郑麦379	2016	郑麦379	2016

（续表）

冬小麦推广面积排序	2020年推广 品种名称	审定年份	2021年推广 品种名称	审定年份	2022年推广 品种名称	审定年份
3	百农4199	2017	济麦44	2018	济麦44	2018
4	山农28号	2014	百农4199	2017	郑麦1860	2019
5	山农29号	2016	百农207	2014	西农511	2015
6	郑麦379	2016	山农28号	2014	百农4199	2017
7	新麦26	2010	西农511	2015	周麦36号	2018
8	烟农19	2001	新麦26	2010	中麦578	2019
9	中麦895	2012	中麦578	2021	新麦26	2010
10	烟农999	2016	郑麦1860	2019	百农207	2013
11	鲁原502	2012	周麦36号	2018	烟农999	2016
12	西农979	2005	郑麦9023	2003	烟农1212	2018
13	济麦44	2018	烟农19	2001	郑麦9023	2003
14	郑麦7698	2011	山农29号	2016	新冬20号	1995
15	西农511	2015	鲁原502	2012	山农28号	2014
16	宁麦13	2005	新冬22号	1999	鲁原502	2011
17	新冬20号	1995	新冬20号	1995	泛麦8号	2008
18	郑麦9023	2003	烟农1212	2020	马兰1号	2021
19	周麦36号	2018	烟农999	2016	烟农19	2001
20	丰德存麦5号	2014	宁麦13	2005	新冬22号	1999
21	烟农1212	2020	镇麦12号	2015	伟隆169	2018
22	新冬22号	1999	平安11号	2013	镇麦12号	2015
23	邯麦19	2018	丰德存麦5号	2014	山农29号	2016
24	镇麦12号	2015	扬麦25	2016	宁麦13	2005
25	平安11号	2013	淮麦33	2013	平安11号	2006
26	淮麦33	2013	西农979	2005	扬麦25	2016
27	郑麦101	2013	伟隆169	2018	淮麦33	2013
28	衡4399	2008	泛麦8号	2008	西农979	2005
29	石农086	2019	郑麦369	2018	丰德存麦5号	2014
30	扬麦25	2016	衡S29	2015	衡S29	2015
31	中麦175	2012	扬麦15	2005	郑麦136	2018
32	中麦1062	2016	扬麦23	2013	宁春4号	1981
33	小偃22	2003	石农086	2019	徐麦35	2015

（续表）

冬小麦推广面积排序	2020 年推广		2021 年推广		2022 年推广	
	品种名称	审定年份	品种名称	审定年份	品种名称	审定年份
34	济麦 23	2016	衡 4399	2008	石农 086	2014
35	临麦 9 号	2018	中麦 1062	2016	淮麦 44	2017
36	泛麦 8 号	2008	徐麦 35	2015	扬麦 23	2013
37	安科 1303	2017	济麦 23	2016	囤麦 127	2017
38	扬麦 23	2013	师栾 02-1	2007	衡 4399	2008
39	泰科麦 33	2018	华成 3366	2013	郑麦 369	2018
40	衡 S29	2015	中麦 895	2012	太麦 198	2016
41	石麦 22 号	2011	山农 25 号	2018	农麦 88	2016
42	中麦 578	2019	山农 38	2019	洛麦 26	2014
43	扬麦 15	2005	囤麦 127	2017	谷神麦 19	2021
44	百农 AK58	2005	郑麦 136	2020	扬麦 15	2005
45	山农 25 号	2018	鲁研 888	2020	山农 38	2019
46	郑麦 583	2012	太麦 198	2017	鑫麦 296	2013
47	徐麦 35	2015	泰科麦 33	2018	新冬 18 号	1995
48	山农 38	2019	扬麦 13	2017	邯麦 19	2018
49	华成 3366	2013	中麦 175	2012	科茂 53	2019
50	镇麦 10 号	2013	百农 AK58	2005	百农 307	2020

4. 2020—2022 年大豆推广面积前 50 名品种

附表 3-4　2020—2022 年大豆推广面积前 50 名品种

大豆推广面积排序	2020 年推广		2021 年推广		2022 年推广	
	品种名称	审定年份	品种名称	审定年份	品种名称	审定年份
1	黑河 43	2007	黑河 43	2007	黑河 43	2007
2	克山 1 号	2009	黑农 84	2017	齐黄 34	2012
3	登科 5 号	2012	合农 95	2016	合农 95	2016
4	合农 95	2016	绥农 52	2017	黑农 84	2017
5	黑农 84	2017	中黄 13	2001	蒙豆 1137	2018
6	中黄 13	2001	齐黄 34	2012	黑科 60	2018
7	齐黄 34	2012	合农 69	2014	合农 85	2017

（续表）

大豆推广面积排序	2020年推广		2021年推广		2022年推广	
	品种名称	审定年份	品种名称	审定年份	品种名称	审定年份
8	金源55号	2013	蒙豆1137	2018	中黄13	2001
9	合农76	2019	合农85	2017	黑河45	2007
10	冀豆12	1996	黑河45号	2007	东生19	2021
11	东生7号	2012	中黄901	2015	东生17	2021
12	绥农52	2017	登科5号	2012	黑农531	2021
13	东农63	2015	东农63	2015	克豆44	2020
14	绥农44	2016	绥农76	2019	中黄901	2015
15	合农75	2017	合农77	2018	合农76	2019
16	绥农42	2016	合农76	2019	华疆2号	2006
17	菏豆33号	2018	华疆2号	2006	郑1307	2019
18	合农69	2014	冀豆12号	1996	绥农52	2017
19	黑河45	2007	东生77	2015	东生7号	2012
20	东生1	2003	绥农42	2016	克山1号	2009
21	合农85	2017	克山1号	2009	登科5号	2012
22	北豆40	2011	黑科60	2018	冀豆12号	1996
23	中黄901	2015	菏豆33号	2018	东生1	2003
24	绥农48	2017	绥农94	2020	合农69	2014
25	中黄37	2006	合丰55	2008	绥农94	2020
26	华疆2	2006	东生1	2003	金源73	2018
27	绥农76	2019	郑1307	2019	佳豆33	2020
28	蒙豆1137	2018	龙垦310	2016	绥农26	2008
29	黑农48	2004	中黄39	2006	东农60	2013
30	菏豆19号	2010	黑农48	2004	中黄301	2017
31	临豆10号	2010	黑河35	2004	东生22	2020
32	黑河52	2010	合农75	2017	临豆10号	2010
33	绥农26	2008	绥农71	2020	桂夏7号	2015
34	垦农18	2001	绥农47	2020	菏豆33号	2018
35	蒙豆359	2017	菏豆19号	2010	绥农29	2020
36	中黄57	2010	中黄37	2006	黑农87	2020
37	北疆九一号	2006	中黄57	2010	合农77	2018
38	登科15	2019	黑科71	2020	东庆20	2019

(续表)

大豆推广面积排序	2020年推广		2021年推广		2022年推广	
	品种名称	审定年份	品种名称	审定年份	品种名称	审定年份
39	黑河35	2004	晋豆50号	2017	龙垦310	2016
40	晨环1	2007	北豆51	2013	中黄37	2006
41	登科4	2012	金源73	2021	黑河52	2010
42	嫩奥5	2020	东生2	2008	洛豆1号	2017
43	黑科60	2018	中黄301	2017	绥农76	2019
44	登科9	2015	临豆10号	2010	黑河35	2004
45	周豆23	2015	铁丰31号	2004	嫩奥5号	2020
46	桂夏7号	2018	周豆19	2010	合丰55	2008
47	郑1307	2019	皖宿01-15	2010	中黄39	2006
48	东生2	2008	嫩奥5号	2020	昊疆2号	2016
49	中黄39	2006	蒙豆48	2021	黑河53号	2010
50	绥农22	2005	科豆2号	2015	晨环1号	2007